DALE CARNEGIE

—

超訳　カーネギー
人を動かす　エッセンシャル版

—

弓場 隆 訳

デール・カーネギーについて

原著者のデール・カーネギーは一八八八年にミズーリ州の農家に次男として生まれた。幼少のころから農作業と家畜の世話に追われる毎日だったが、高校では弁論部に入ってスピーチのコツを学び、地元の教育大学に進学した。実家が貧しかったため馬に乗って通学し、馬上でスピーチの練習に励んだという。数々の弁論大会に出場して優勝を飾り、評判を聞きつけて集まった多くの学生に話し方の秘訣を教えて生活費を稼いだ。

大学を卒業後、通信講座や食品会社のセールスマンとして成果をあげ、その資金でニューヨークに行って文化講演会の講師をめざしたが、実現しなかった。その後、演劇学校に通って役者を志したものの、巡業先で舞台に立ったときに自分には合わないと感じ、またしても挫折を経験した。

失業して路頭に迷ったが、学生時代の特技だった話術を教えて生計を立てることを思い立ち、ビジネスマンを対象に話し方教室を開いたところ反響を呼び、人生の転機が訪れる。当時、鉄鋼王と称賛されていた偉大な実業家アンドリュー・カーネギーにちなんで、血縁関係はなかったのだが、自分の姓の綴りをCarnageyからCarnegieに正式に変更した。その後、彼はアンドリュー・カーネギーがニューヨークに建てた音楽の殿堂カーネギー・ホールを借り切って、大観衆の前で念願の文化講演会を開催した。

話し方や人間関係の原則などの成人教育のために設立したデール・カーネギー研究所は、彼が一九五五年に亡くなるまでに十五か国に支部を持ち、約四十五万人が受講した。多くの著名人を輩出したことで知られ、のちに世界的な投資家となるウォーレン・バフェットもその一人である。

カーネギーは最愛の女性と結婚して一女をもうけた。ドロシー夫人は笑みを絶やさない明るい女性で、悩みがちな夫を盛り立てた。夫の死後、デール・カーネギー研究所が九十か国で累計九百万人の受講生を集めるほどの発展を遂げた大きな要因は、彼女がすぐれた経営手腕を発揮したことである。

カーネギーには数々の著作があり、代表作の『人を動かす』は自己啓発書の金字塔とされ、文化の違いを超えて世界中の人々に読み継がれている。

日本とのかかわりでいえば、カーネギーは一九三九年と一九五三年に来日している。目的は講演と観光で、東京、横浜、鎌倉、軽井沢、熱海、岐阜、伊勢、鳥羽、京都、奈良、広島、下関などを歴訪し、各地の美しい風景と人情の機微にふれて大いに満足して帰国した。

序文

人間の本質を理解し、人とうまくやっていき、人に好かれ、人に賛同してもらう方法を紹介する実用的な本が社会で必要とされているのに、まだそれがないというのは、私の経験からも事実である。

そこで私は、自分でそういう本を書いてみることにした。この本がそうだ。きっと気に入ってもらえると思う。

この本を書くにあたって、多くの有名な心理学者の著作を参考にした。さらに自伝や伝記を通じて、歴史に残る偉人たちが人間関係で実行していたことも研究した。

そして講習会を開き、参加者たちに仕事とプライベートで試してみるよう指示した。彼らは自己啓発に大きな興味を示し、人間関係の原則の新しい実験にわくわくした。

この本は大勢の人の経験則に基づく画期的な著作である。私が提唱している人間関係の原則は単なる理論や推論ではない。これは実際に魔法のような効果を発揮する。信じられないかもしれないが、この原理を日常生活に応用すれば、多くの人の人生に劇的な変化が起こる。

具体例をいくつか紹介しよう。

約三百人の従業員を抱える社長が、この講習会に参加した。数年来、この社長はたえず従業員に小言を言い、辛らつな口調で叱りつけるばかりで、ねぎらいや励ましの言葉を口にしたことはまったくなかった。だが、人間関係の原則を学んで人生哲学を変えたところ、忠誠心と情熱とチームワークが組織全体にあふれるようになった。

この社長は講習会のスピーチで誇らしげにこう語った。

「以前は私が社内を歩いていると、どの従業員も顔をそむけて、あいさつすらしてくれませんでした。しかし、今では彼らは親しみを持って接してくれます」

この社長によると、会社の売上が伸びて精神的余裕ができ、さらにもっと重要なことに、公私にわたって以前よりずっと幸せを感じるようになったという。

そのほかの会社でも、多くのセールスマンが人間関係の原則を応用して売上を急上昇させ、新規開拓にも成功している。ある会社の重役は短気で喧嘩っ早いためにリーダー失格の烙印を押されて降格させられそうになったが、人間関係の原則を応用することによって降格を免れ、六十五歳にして念願の昇格と昇給を果たした。

また、多くの主婦が「夫がこの講習会に参加したおかげで家庭が円満になった」と証言している。

ハーバード大卒でニューヨーク在住の裕福な実業家は、「人を動かすというテーマについて大学での四年間の勉強よりもたくさんのことをこの講習会で学んだ」と言った。

くだらない話だと一笑に付してもかまわない。だが、私は単に事実を述べているだけである。

有名な心理学者のウィリアム・ジェームズは、

「人間はふだん使っていない多種多様な力を秘めているが、自分の限界よりもずっと狭い範囲で生きている」

と言った。

この本の目的は、あなたが「ふだん使っていない多種多様な力」を発揮して、恩恵を得るのを手伝うことである。この本で得た知識を積極的に活用して大きな成果をあげることを願ってやまない。

D・カーネギー

＊本書は２０１８年８月に小社より刊行された『超訳 カーネギー 人を動かす』を文庫エッセンシャル版として加筆訂正を加えて再編集したものです。

超訳　カーネギー　人を動かす　エッセンシャル版　目次

I　人との接し方に関する基本的なテクニック

2 人に好かれる方法

3 自分の考えを相手に受け入れてもらう方法

4 反感を抱かせずに相手を変える方法

5　敵を味方に変える方法

6　円満な家庭生活を送る方法

I

人との接し方に関する基本的なテクニック

001

協力したくなるように働きかける

蜂蜜を手に入れたいなら蜂の巣をつつくな、ということわざがある。

これはどういう意味だろうか？

蜂の巣をつつくとミツバチに逆襲される。だから蜂蜜を手に入れたいなら、そういう乱暴なことをするのではなく、ミツバチの協力が得られるように穏当な方法を使う必要があるという意味だ。ごく当たり前のことだろう。

しかし不幸なことに、私たちはふだんの人間関係でその教えを実行していないことがあまりにも多い。相手の反感を買うような言動で人間関係を破壊しながら、相手の協力を得ようとしているのである。

相手の協力を得たいなら、相手の自尊心を傷つけるような言動は厳に慎まなければならない。相手を脅して無理やり言うことを聞かせようとするのではなく、相手の自尊心を満たして協力したくなるように働きかけるほうがずっとうまくいくし、お互いに気分よく過ごすことができる。

002

間違いを認めさせようとしない

いくら議論をして相手に間違いを認めさせようとしても、徒労に終わる。相手は自尊心を傷つけられるから、意固地になって自分の間違いを認めようとしない。

相手の間違いを指摘すれば、あなたは自尊心を満たすことができて気分がいいだろう。優越感にひたることもできる。しかし、それは大きな犠牲をともなう。なぜなら、相手は面目を失い、気分を害してしまうからだ。

そんなことで相手が喜んで動いてくれると思ってはいけない。たとえそのときは協力してくれているように見えたとしても、相手に好意を持ってもらえないから、人望を失うことになる。

003

人間は感情的な生き物だ

私たちはよく「あの人は気難しいから」などと言う。しかし、自分もたいがい気難しい一面を持っていることを忘れてはいけない。

実際、程度の差こそあれ、すべての人が気難しい一面を持っているといっても過言ではない。なぜなら、どんなに論理的に考えているように見えても、人間は究極的には感情的な生き物だからだ。論理的に考えて感情的に行動するのが、人間の本質である。人を動かすには、まずそれを理解する必要がある。

004

人はプライドと虚栄心によって突き動かされている

人と接するときは、相手が論理的な生き物ではなく感情的な生き物であることを肝に銘じよう。すべての人は大なり小なり偏見を持ち、プライドと虚栄心によって突き動かされているのだ。

だから、人を動かしたいなら、相手がどんな立場の人であれ、その人の自尊心を満たすような接し方を心がける必要がある。

005

辛らつな言葉を人に投げかけない

自分ではどんなに的確な批判だと確信していても、批判された人間はそれをいつまでも覚えているものだ。

もしこれから何年も、場合によっては死ぬまで恨まれたいなら、相手のプライドを傷つける辛らつな言葉を投げかけるとよい。

006

絶対に悪口を言わず、長所だけを指摘する

ベンジャミン・フランクリンは若いころ機転があまりきかなかった。当初、彼は印刷工だったが、年をとるにつれて人と接するのがうまくなり、やがて外交官として活躍するようになった。

彼によると、成功の秘訣は誰の悪口も言わず、すべての人の長所についてだけ指摘することだという。

しかし、困ったことに、多くの人は他人の悪口を言いたがる。愚か者ほどそうだ。実際、愚か者ほど他人をけなし、文句を言うのが大好きである。

007

相手の気持ちを理解する

相手を理解し許すためには、自制心を発揮する必要がある。人格がしっかりしていないと、それはできることではない。

相手を批判するのではなく、相手を理解することを心がけよう。なぜその人がそういうことをするのかを考えてみるのだ。そのほうが批判するよりはるかに有益だし興味深い。しかも、自分の中に同情と寛容と親切心をはぐくむことができる。

008

完璧な人は存在しない

完璧な人はこの世に存在しない。だから、他人のあら探しをしようと思えば、いくらでもできる。しかし、そんなことをして他人を裁いたところで、いったいどんな利益が得られるだろうか。

神は最後の日まで人間を裁こうとしない。ましてや、私たち人間が他の人間を裁いていいものだろうか。

009

叱るのではなく褒める

けなされて気分がよくなる人はいない。小言を言われて喜ぶ人もいない。叱られて嬉しくなる人もいない。

誰かに批判されると、どんな人でも気分を害して、やる気をなくしてしまうものだ。

しかし、褒めてもらうと誰もが気分をよくして、やる気を起こす。人を動かしたいなら、長所を指摘して意欲を高め、行動を起こしたいという気持ちにさせることが大切だ。

010

素晴らしい人物の証明

素晴らしい人物とは、どのような人物を指すのだろうか？

イギリスの思想家トーマス・カーライルは「素晴らしい人物は、相手がどんな人物でも素晴らしい接し方をする」と言っている。

011

相手のプライドを尊重する

実業家のジョン・ワナメーカーは「私は他人を非難するのは愚かであることを若いころに学んだ」と告白した。

ワナメーカーはその教訓を早く学ぶことができたが、私は四十歳近くになってようやくそれを悟った。大多数の人は、どんなに間違っていても自分の非をなかなか認めようとしないものだ。

他人を非難したところで成果は得られない。なぜなら、その人は保身に走り、たいてい自分の間違いを正当化しようとするからだ。

他人を非難するのは危険である。なぜなら、その人はプライドを傷つけられ、相手に怒りや憎しみを抱くおそれがあるからだ。

012

褒めて伸ばす

いくら口うるさく言っても相手は言うことを聞かない。もちろん脅せば動いてくれるかもしれないが、それは相手にとって不本意だから一時的な効果しかなく、反感を抱くおそれがある。

人を動かす秘訣を教えよう。相手がうまくできたことを褒めて自尊心を満たしてやるのだ。そうしないと人は喜んで動いてくれない。人間とはそういうものである。

013

あら探しをしない

ドイツ軍は方針として、何かがあった直後に兵士が不平を言ったり他人を非難したりするのを禁止している。兵士は不満があっても一晩寝て冷静さを取り戻すように指導されているのだ。すぐに不平を言うと処罰されるらしい。

私たちの日常生活にもそういう決まりがあってもいいのではないだろうか。がみがみ言う親、やたら小言を言う妻、部下を叱りつける上司をはじめ、あら探しをするのが好きな人たちは処罰されるべきだ。

なぜなら、そういう行為はなんら生産的ではないからである。たいていの場合、相手をいくら問い詰めても、「あの状況ではそうする以外になかった」という弁解や開き直りのような答えしか返ってこない。

014

他人を批判しない

どんなに不正を働いた人でも自己批判をせずに他人を責めようとする。これは人間の本性なのである。

批判を浴びると、誰もが自分は悪くないと思いたがる。だからもし他人を批判したくなったら、そんなことをしても無駄であることを肝に銘じよう。

他人を批判すると、それは伝書鳩のように自分のもとに戻ってくる。いくら批判して更生させようとしても、相手は「あなたも人のことが言えるのか」などと反論し、批判した人を逆に批判するからだ。

015

誰もが「自分は悪くない」と思っている

どんな凶悪犯でも「自分は心の優しい正義の味方だ」と主張する。私はそれについて、とある刑務所の所長と興味深いやりとりをした。

所長によると、犯罪者たちの中で自分が悪人だと思っている者はほとんどいないという。犯罪者は自分を一般人と同じ善良な市民だと考え、金庫破りであれ殺人であれ、「あの状況ではそうせざるをえなかった」と釈明する。彼らの多くは、あれこれ理屈をこねて自分の反社会的行為を正当化し、「悪いことをしていないのに刑務所に入れられるのはおかしい」と主張する。

残虐な罪を犯して収監されている凶悪犯ですら自分は悪くないと主張するのだ。世間一般の人はもっとそうではないだろうか。

016

人をからかわない

エイブラハム・リンカーンは人間関係の達人として知られている。では、彼は他人を批判したことがあるのだろうか？

その答えは「イエス」である。若いころ、他人をからかう手紙を頻繁に書き、恥をかかせようとしたのだ。だが、そのうちの一通が大きな恨みを買う原因となった。

虚栄心が強くて喧嘩っ早いシールズという政治家をからかうために匿名の手紙を新聞に投稿したところ、人々はそれを読んで笑った。だが、プライドを傷つけられたシールズは激怒し、手紙の筆者を突き止め、馬で駆けつけて野外で決闘を挑んだのだ。幸い、最後の瞬間になって双方の付添人が仲裁に入った。

これはリンカーンの生涯で最も忌まわしい出来事だった。彼はその経験から人間関係のルールを学び、二度と他人をからかうまいと決意した。

そのとき以来、リンカーンは誰に対しても悪意を抱かず、慈悲の心で接すると肝に銘じ、他人をいっさい批判しなくなった。

017

他人を裁かない

他人を裁いてはいけない。相手の立場に立って考えてみれば、これはすぐにわかることだ。あなたも裁かれたくないはずである。

018

他人の欠点より先に自分の欠点を直す

あなたは他人の欠点を直して、その人がよりよい人物になるように変えてあげたいと思うかもしれない。たしかにそれは結構なことだ。

しかし、まず自分の欠点を直してよりよい人物になることから始めたらどうだろうか。あなたにとっては、そのほうがずっと得になるはずだ。しかも、相手のプライドを傷つけないから、反感を買うおそれもない。

自分がよりよい人物になるには、今日から始めても次のクリスマスまでかかるかもしれない。そうしたら、年末までしばらく休暇を楽しみ、相手の欠点を直すのは来年になってからにすればいい。

自分がよりよい人物になるために日々精進しよう。

「自分の家の玄関が汚れているのに、隣家の屋根に積もっている雪に難癖をつけるな」と孔子は諭している。

019
他人を非難しても成果はあがらない

リンカーン大統領は北軍のミード将軍に対し、南軍のリー将軍を捕らえて戦争を終結させるよう命じた。ところがミードは言い訳を並べて行動せず、そのあいだにリーは自軍を引き連れて逃亡した。リンカーンは激怒し、ミード宛てに手紙を書いた。

「どうやら君は事の重大さがわかっていないようだ。君にはもう期待していない」

ミードはこの手紙を読んでどうしただろうか？

実は、ミードはその手紙を受け取っていなかった。リンカーンがそれを投函しなかったからだ。その手紙はリンカーンの死後に書類の中から見つかったのである。

リンカーンはこの手紙を書いたあと、「ちょっと待て。この手紙を送れば、私の怒りは収まるかもしれないが、ミードは自分を正当化し、気分を害して私を逆に非難するだろう。結局、彼は能力を発揮せずに辞任するおそれがある」と思ったに違いない。

いくら非難しても、相手はたいてい反省しない。それどころか、相手は気分を害して逆恨みをする。リンカーンはそれを若いときにすでに学んでいたのだ。

人をうまく動かす唯一の方法

人をうまく動かす方法はひとつしかない。そうしたくなるように働きかけることだ。たしかに、銃を突きつけて相手に言うことを聞かせることもできる。クビにすると脅して従業員に協力を求めることもできる。ムチで叩いて子供を命令に従わせることもできる。だが、そんな手荒いやり方は好ましくない結果を引き起こす。

人をうまく動かす唯一の方法は、相手が求めているものを与えることだ。

それは何か?

二十世紀最高の心理学者の一人、フロイトによると、人間の行動にはふたつの動機があるという。性欲の充足と、偉大な人物になりたいという欲求である。

アメリカの思想家ジョン・デューイは少し違う表現を使った。「人間の最も強い衝動は、重要人物になりたいという欲求だ」というのである。

誰もが重要人物として扱われたいという欲求を持っている。だから、相手のそういう欲求を満たすことが、人を動かす秘訣なのだ。

021

すべての人は褒められるのが大好きだ

人間が求めているものはそう多くない。どうしても満たしたい欲求は八つある。すなわち、食欲、性欲、睡眠欲という三大欲求のほかに、金銭欲、健康欲、来世の幸せ、子供の幸せ、自尊心である。

この中でめったに満たされていないのが、自尊心だ。つまり、自分を重要な存在として扱ってほしいという願望である。

リンカーンは「すべての人は褒められるのが大好きだ」と記している。心理学者のウィリアム・ジェームズは「人間の本質の中で最大の特徴は、重要な存在として認められたいと熱望していることだ」と言った。この言葉の中で「願っている」ではなく「熱望している」という強い表現が使われていることに注目してほしい。

人々は称賛の言葉に飢えている。その心の渇きを誠実な気持ちで満たすことができる少数の人は、確実に相手の心をつかむことができる。

人は自尊心を満たすために努力する

自尊心を満たしたいという思いは、動物にはない人間の最も顕著な特徴のひとつである。つまり、人々は努力して成果をあげることによって、それを周囲の人に認めてもらい、自分を重要な存在として扱ってほしいのだ。

もし私たちの先祖が自尊心を満たしたいと思わなかったら、文明は進歩しなかっただろう。もし自尊心を満たしたいという思いがなければ、私たちは今もまだ動物とほとんど変わらないはずである。

自尊心を満たすために、食料品店に勤務する貧しい無学の店員は一念発起して法律の勉強に没頭し、弁護士になった。彼の名はエイブラハム・リンカーンである。

自尊心を満たすために、不朽の名作を残した人物もいる。実家が破産の憂き目にあって極貧の生活を強いられながら、『二都物語』や『クリスマス・キャロル』などの小説を書き、イギリスの国民的作家になったチャールズ・ディケンズである。

023

相手の意欲を高める最善の方法

実業家のチャールズ・シュワッブが大成功を収めた理由は、人との接し方を心得ていたからである。彼が明かした成功の秘訣は、紙に書いて額縁に入れ、全国の家庭、学校、職場に飾っておくべきだ。これを実行すれば、あなたの人生は大きく変わる。

「相手の長所を引き出す唯一の方法は、褒めて励ますことである。上司や教師や親が小言を言うと、相手はやる気をなくしてしまう。頑張りたくなるきっかけを相手に与えることが大切だ。だから私は絶対に小言を言わないし、他人のあら探しもしない。何かが気に入ったら、惜しみなく褒めるようにしている」

これが偉人として歴史に名を残すシュワッブの信条だ。ところが、ほとんどの人はそれと正反対のことをしがちである。何かが気に入らないとすぐに小言を言い、何かが気に入ってもまったく褒めないのだ。シュワッブはさらにこんな指摘をしている。

「私は世界中の名士たちと付き合いがあるが、どんなに地位が高い人でも、けなされたときより褒められたときのほうがずっといい仕事をする」

024

人前でも一対一でも相手を褒める

アンドリュー・カーネギーはスコットランド出身の貧しい移民で、最初は工場労働者として働いていたが、やがて実業家として製鉄業に進出し、しだいに頭角を現して巨万の富を築き、晩年は慈善活動家としても知られるようになった。

無一文だったカーネギーが驚異的な成功を収めた秘訣はなんだったのか？

人前でも一対一でも、とにかく他人を褒めたのである。

カーネギーは死んでからも他人を褒めるつもりだったようだ。生前、彼は自分でこんな墓碑銘を書いていている。

「自分より利口な人たちに恵まれし者、ここに眠る」

025

なじるよりも褒めよ

ジョン・ロックフェラーが貧困から身を起こし、実業家として成功を収めて大富豪になった主な要因は、けっして相手をなじるようなことをせず、いつも心を込めて褒めたことだった。

例えば、共同経営者が南米で詐欺にあって資金の四割に相当する百万ドルの損失を会社にもたらしたときのことだ。ロックフェラーはそれを知って小言を言っただろうか？ とんでもない。「その件はもう済んだことだ」と考えて、共同経営者を褒めることにしたのだ。彼は共同経営者が最善を尽くしたことを高く評価し、資金の六割を回収したことをたたえたのである。

さらにロックフェラーは共同経営者の労をねぎらって、こう言った。

「たいへんよくやった。それで上出来だ。私ならそこまで成果をあげることはできなかっただろう」

026

称賛して自信をつけさせる

ブロードウェーの観客を魅了したことで知られる演劇プロデューサーのフローレンツ・ジーグフェルドは、女性ダンサーたちを褒めちぎる能力で名声を得た。

彼は誰からも見向きもされない地味な女性を褒め、舞台上で魅力的な美女に変貌させるのがとてもうまかった。彼の演出によってスターダムにのし上がった女優はたくさんいる。彼女たちは「ジーグフェルド・ガールズ」と呼ばれた。

ジーグフェルドは女性を称賛して自信をつけさせるすべを心得ていたから、女性たちは彼の優しさと思いやりによって自分の美しさに気づくようになった。もちろん、彼は口先だけでなく金銭面での配慮も忘れなかった。コーラスガールたちのギャラを三十ドルから百七十五ドルにまで上げてやったのだ。

舞台の初日には主演女優たちに電報を打ち、コーラスガール全員にバラの花束を贈る気くばりも欠かさなかった。

027

家族を褒めるのを忘れない

一週間、家族に食事を与えなかったら犯罪になることは誰でも知っている。ところが、食事と同じくらい人々が求めている誠実な褒め言葉を何年間もかけていないケースはいくらでもある。

ブロードウェーのスター俳優、アルフレッド・ラントは「私が最も必要としているのは、自尊心を満たしてくれる褒め言葉だ」と言っている。

私たちは食事を通して子供や配偶者の身体に栄養を与えるが、彼らの自尊心を満たすような配慮を欠きがちである。彼らに体力をつけさせるためにおいしい料理を食べさせるのに、元気をつけさせるために心のこもった褒め言葉をかけるのを忘れているのだ。もしそれを実行すれば、あなたが発した優しい言葉は、美しい音楽のように相手の記憶の中にいつまでも残るに違いない。

028

お世辞は通用しない

一部の人は「お世辞を言ったが、うまくいかなかった。特に相手が利口な人には通用しなかった」などと言う。

お世辞は見え透いているし、不誠実だ。相手に下心を感じさせるから、それが功を奏することはめったにない。たしかに、自分を認めてもらうためにやっきになっている人なら、お世辞を言われると喜ぶかもしれない。飢えている人が雑草を食べるのと同じである。

しかし、単なるお世辞と違って、心のこもった褒め言葉は相手を惹きつける。どう見ても風采のあがらない男性が美女と結婚していることがよくあるが、彼らは心のこもった褒め言葉を女性にかけるのがとてもうまいのだ。

029

お世辞と褒め言葉の違い

たしかにヴィクトリア女王はお世辞に弱かった。実際、ディズレーリ首相は女王に対してお世辞を並べたことを認めている。しかし、ディズレーリは機転のきく有能な政治家で、言葉の使い方が天才的だった。彼なら功を奏した手法でも、あなたや私がそれをして同様の成果が得られるとはかぎらない。

長い目で見ると、お世辞は利益よりも実害のほうが大きい。お世辞は偽造紙幣のようなもので、そんなものを使っていると、ひどい目にあう。

褒め言葉とお世辞の違いは何か？

それは単純明快である。一方は誠実で、他方は不誠実だ。一方は心がこもっているが、他方は口先だけだ。一方は利他的で、他方は利己的だ。一方は誰からも喜ばれ、他方は誰からもいやがられる。

030

その気になれば、いつでも人を褒めることができる

偉大な思想家エマーソンは「すべての人は何らかの点で私よりすぐれているから、誰からでも必ず学ぶことがある」と言っている。

エマーソンですらそうなのだから、私たちにとってはもっとそうだ。

自分の功績や願望について考えるのはやめて、相手の長所を見つける努力をしよう。そして、軽薄なお世辞を言うのではなく、心のこもった褒め言葉を相手にかけよう。そうすれば、相手はあなたの優しい言葉を生涯にわたって大切にするだろう。あなたがそれを忘れても、相手はたえずそれを思い出し、あなたに好意を抱き続けるに違いない。

031

人は自分の願望をかなえる方法に興味を示す

人を動かす方法は、相手の願望について話し、それをかなえる方法を示すことである。相手にとって、あなたの願望などはどうでもいい。人は皆、自分の願望について考え、それをかなえる方法に興味を示す。

明日、誰かに何かをしてほしいとき、このことを思い出そう。例えば、息子に喫煙をやめてほしいなら、説教しても効果がないし、自分の願望について話しても意味がない。大切なのは、相手の願望をかなえる方法を示すことだ。

そこで、タバコをやめると、野球チームで活躍できるとか短距離走で勝てると言えばいい。つまり、タバコをやめれば、自分の願望がかなえられることを強調するのだ。このやり方なら相手を脅して無理やり何かをさせる必要がなく、お互いに気分よく問題を解決することができる。

032

願望を抱かせれば人は動く

あなたが生まれてこのかたやってきたすべての行為は、自分の願望をかなえるためだった。慈善事業に寄付したのも例外ではない。あなたがそれをしたのは、他人を助けるという崇高な行為をして、すがすがしい気分にひたりたかったからである。あなたはそうやって自分の願望をかなえたのだ。

033

人に何かをしてもらうコツ

人に何かをしてもらいたいなら、口を開く前に「どうすれば、それをしたいという気持ちを相手に抱かせることができるか？」と自分に問いかけてみよう。そうすれば、自分がしてほしいことについて相手を説き伏せようという無駄な努力をする必要はなくなる。

034

議論で勝とうとしない

議論に熱中するのは極力避けたほうがいい。そんなことをすれば、後味の悪い思いをするだけだ。相手の誤りを証明したところで、相手はプライドを傷つけられ、誤りを素直に認めようとしなくなる。

議論に勝てば、優越感にひたることができるかもしれない。しかし、相手は屈辱感を味わうはめになり、あなたに嫌悪感を抱くから喜んで動いてくれない。

035

相手の立場に立って考える

人間関係の技術について、実業家のヘンリー・フォード（フォード・モーターの創業者）はこう言っている。

「もし成功の秘訣がひとつだけあるとすれば、相手の考え方をよく理解し、自分の立場だけでなく相手の立場に立って考える能力を身につけることだ」

これはあまりにも単純明快だから、誰でもすぐにそれが真実だとわかるはずだが、世の中の九割の人が九割の確率でそれを無視している。

036

セールスのコツ

毎日、大勢のセールスマンがくたくたになるまで歩き回っているが、いっこうに成果があがらず、がっかりしている。

いったいなぜだろうか？

彼らは自分がほしいものばかり考えているからである。つまり、ほとんどのセールスマンは自分のノルマを達成することを考えるだけで、相手が買いたがっていないことに気づかないのだ。

考えてみよう。誰もが自分の問題を解決することにいつも関心を寄せている。だから、自分の商品やサービスが相手の問題を解決するのに役立つことを示せば、売ろうとしなくても相手は買ってくれる。人々は自分の意思で買っていると思いたがり、売りつけられるのをいやがるのだ。

037

人々の役に立とうとする

世の中は自分の利益追求だけを考えている人であふれ返っているのが現状だ。利他の精神で人々の役に立とうとするごくわずかな人たちは圧倒的に有利である。なぜなら、競争相手が少ししかいないからだ。

ゼネラル・エレクトリック（GE）の会長を長く務めたオーウェン・ヤングは、こう断言している。

「相手の立場に立って考え、相手の気持ちが理解できる人は、将来のことを心配する必要がまったくない」

038

相手の願望をかなえるように働きかける

多くの人は大学で難解な理論を学ぶが、人間の心の働きを理解していない。例えば、大学を卒業して大企業に入社したばかりの若者が、バスケットボールの参加者を募ったときのことだ。彼はこう言った。

「みんなでバスケットボールをしよう。僕はバスケットボールをしたいのだけれど、メンバーが足りないのでゲームができない。明日の晩、体育館に来てほしい。僕はバスケットボールがしたい」

これでは自分の願望を述べているだけで、相手の願望を考慮していない。相手を利用して自分の願望をかなえようとしてはいけない。相手が求めているのは、球技をして楽しく遊び、体力をつけることだから、彼はそれをアピールすべきなのだ。

相手の心の中に願望をかき立て、それを満たすように働きかけることが、人を動かす秘訣である。それを理解している人は他人を意のままに動かすことができるが、それを理解していない人は誰からもそっぽを向かれる。

039

自分の願望と相手の願望を結びつける

ある両親は幼い息子のことを心配していた。その息子は十分に食べようとせず、やせ細っていたので、両親は「もっと食べて大きくなってほしい」と息子に言った。

この息子は両親の願望をかなえようとしただろうか？

もちろん、そんなことはない。そこで、父親は自分たちの願望と息子の願望を結びつける方法を考えた。息子は三輪車に乗るのが大好きだったが、近所に住む体の大きないじめっ子がそれを取り上げてしまうことがよくあった。

当然、息子は母親のもとに駆けつけて助けを求めた。そのたびに母親はいじめっ子から三輪車を取り戻した。こんなことが毎日のように起きていた。

息子の願望は何か。それは明らかだろう。息子は傷ついたプライドを癒やし、自分の自尊心を満たすために、大きな体になって、いじめっ子に復讐したかったのだ。そこで父親が「しっかり食べて大きな体になり、いじめっ子を見返してやりなさい」と言ったところ、息子はすんなり言うことを聞くようになった。

040

相手に自分のアイデアだと思わせる

かつて批評家のウィリアム・ウィンターは「自己表現は人間の基本的な欲求だ」と言った。この心理はビジネスに応用することができる。

私たちは素晴らしいアイデアを思いついたとき、それは自分のアイデアだと主張し、他人に教えたがる。

しかし、そんなことをするのではなく、他人にそのアイデアを教えてアレンジさせたらどうだろうか。つまり、相手に自己表現の機会を与えるのだ。やがてその人はそれが自分のアイデアだと思い、すすんで実行に移そうとする。

2

人に好かれる方法

041

誰もが自分に最も関心がある

相手に関心を持ってもらうより、相手に関心を持つことのほうが大切だ。相手に関心を持ってもらおうと必死になっても効果はない。他人はあなたや私には関心がないからだ。人々が最も関心を持っているのは自分である。しかも一日中そうだ。

例えば、自分が写っている集合写真を見て、最初に探すのは誰だろうか？

もし他人があなたに関心を持ってくれていると思うなら、自分の胸に手を当てて「今日、もし私が死んだら、葬式には何人ぐらい来てくれるだろうか？」と考えてみよう。

あなたが他人に関心を持とうとしないのに、他人があなたに関心を持ってくれるはずがない。

他人に関心を持ってもらおうとして自分の素晴らしさをどんなにアピールしても、真の友人を得ることはまずできないだろう。真の友人とは、そんなふうにしてつくるものではない。

042

他人に純粋な関心を寄せる

オーストリアの有名な心理学者アルフレッド・アドラーは、実に含蓄のあることを言っている。

「他人に関心を持っていない人は、人生で大きな困難を経験することになる。このような人たちの中から、人生の敗残者が生まれる」

つまり、自分のことばかり考えずに相手の問題に純粋な関心を持って手助けするように心がけなければ、良好な人間関係を築くことができず、人生の成功はおぼつかないということだ。

043

すべての人に誠実に対応する

チャールズ・エリオット博士がハーバード大学の学長として成功したのは、他人に純粋な関心を持つようにいつも心がけていたからだ。彼は一八六九年から一九〇九年まで四十年の長きにわたって学長を務め、誰が陳情に来ようとも、相手に関心を寄せて誠実に対応した。

ある新入生が奨学金の依頼に来たとき、エリオット学長はそれを許可した。新入生が感謝の言葉を述べて立ち去ろうとすると、学長は「まあ、そこにおかけください」と言った。そして、「学生寮の部屋で自炊しているそうですね。十分に栄養を摂っていますか？」と質問し、「実は、私も学生時代は自炊していましたから、ふだんの食事にはとても気をつかっていました」と言って便利な調理法を懇切丁寧に教えた。

044

褒め上手は得をする

人は皆、自分を褒めてくれる人を好きになる。これは庶民でも王様でも同じことだ。

ドイツ皇帝ヴィルヘルム二世を例にとってみよう。第一次世界大戦の末期、彼は世界中でたぶん最も嫌われていた人物だった。敗戦後に自分の身を案じてオランダに亡命したため、ドイツ国民からひどく憎まれたのである。

激しい怒りが渦巻く中、一人の少年が「世間がなんと言おうと、いつまでもヴィルヘルム二世を皇帝として敬愛します」と書いて送った。皇帝はそれを読んで感動し、その少年を招待したところ、未亡人だった母親といっしょに現れた。皇后に先立たれていた皇帝はその女性と結婚した。

その少年は、わざわざこの本を読む必要がなかった。人を動かす方法を直感的に知っていたのだ。

045

相手のために時間と労力を費やす

友人をつくりたいなら、見返りを求めずに時間と労力を費やして相手を喜ばせるために何かをしよう。イギリスのウィンザー公は皇太子だったころ、南米遠征の前に数か月かけてスペイン語を勉強した。そして、実際にスペイン語でスピーチをしたところ、現地の人たちの熱烈な歓迎を受けた。

人々は自分のために相手が時間と労力を費やして何かをしてくれると、その気づかいに感動するものだ。「この人はそこまでしてくれたのか」という気持ちになるからである。

相手が何に喜ぶかを考えて、それを誠実な気持ちで実行に移そう。

046

友人の誕生日を覚える

長年、私は友人たちの誕生日を聞き出して記録することを習慣にしてきた。相手に不審に思われずにそれをする方法を紹介しよう。

私は占星術には興味がないが、「星座と性格は関係があると思うか？」と相手に質問し、「もしよければ、誕生日を教えてほしい」と言うのだ。そして、答えが返ってきたら、その日付を心の中で繰り返し、気づかれないようにさっと相手の名前と誕生日を紙に書きとめ、あとでそれを手帳に転記するのである。

毎年の初めに私は友人たちの名前と誕生日をカレンダーに記入し、事前に気づくようにしている。そして、その日が近づくと、「誕生日おめでとう」と自筆で書いたカードを送るのである。このやり方はいつも好評を博している。多くの友人の中で相手の誕生日を覚えているのは、たいてい私だけのようだ。

047
笑顔はどんな宝飾品よりも価値がある

ニューヨークのパーティーに出席した女性の一人は、会場に集まった人たちに好印象を与えるためにやっきになっていた。そこで、相続した遺産で買ったダイヤモンドの指輪や真珠のネックレスを身につけて現れたのだが、自分の表情については少しも気にかけていなかった。彼女はいつも不機嫌そうな表情を浮かべていたのだ。

どうやら、彼女には男性の心理が理解できていなかったようだ。男性にとっては、女性がどんな宝飾品を身につけているかより、顔にどんな表情を浮かべているかのほうがずっと重要なのである。（この理屈はあなたの奥さんが「毛皮のコートを買いたい」と言ったときに断る口実として使えるかもしれない。）

048

笑顔は言葉よりも伝わる

偉大な実業家のチャールズ・シュワッブは「私のほほ笑みは百万ドルの価値がある」と言った。彼は真実を理解していたようだ。彼には人を惹きつける魅力があり、それが実業家として大成功を収めた要因だったのである。そして、彼の最大の魅力のひとつが、たえず満面の笑みを浮かべていることだったのだ。

「行為は言葉より雄弁だ」という格言がある。まさにそのとおりだ。笑みを浮かべるという行為によって、「私はあなたが好きだ。あなたに会えて嬉しい」という思いがはっきりと相手に伝わる。

049

作り笑いは逆効果

相手にほほ笑みかけることは、公私にわたって成功を収める秘訣である。とはいえ、心のこもっていない作り笑いはよくない。相手はすぐにそれを見抜き、不快に思うだけだ。本当に大切なのは、心が温まるほほ笑みを相手に見せることである。

とある大手百貨店の採用担当者は「販売員の面接では、愛想の悪い高学歴の女性より、学歴がなくても魅力的な笑みを浮かべる女性を選ぶ」と言っている。

050

毎日ほほ笑み続ける

私は講習会で大勢のビジネスマンを対象に、一週間にわたって毎日周囲の人にほほ笑みかけ、その結果を報告するよう提案してきた。では、どのような効果があったか？

参加者の一人で株式仲買人をしている男性から次のような報告があった。

「結婚して二十年近くになりますが、朝起きて会社に出かけるまで妻にほほ笑みかけたことはめったにありませんでした。私はいつもしかめ面をしていたのです。しかし、提案を実行に移したところ、人生が変わりました。

毎朝、私は鏡を見て、『今日一日、不機嫌そうな顔をするのをやめて、ほほ笑もう』と自分に言い聞かせ、妻に『おはよう』とほほ笑みかけたところ、当初、妻は戸惑っていましたが、私はそれを毎朝続けました。その結果、わが家に幸せが訪れました。

その後、私はマンションの守衛さんや駅員さんにもほほ笑みかけました。証券取引所でも笑顔で対応し、苦情を言われても、愛想よく振る舞いました。その結果、仕事で大きな成果があがりました。どうやら笑顔にはお金を引きつける力があるようです」

051

ほほ笑みで相手と心を通わせる

ある営業マンからこんな手紙が届いた。

「私は取引先の人たちから冷たい人だと思われていましたが、ほほ笑む習慣を身につけたおかげで、本当は温かみのある人物だとわかってもらえました。

現在、私は他人に小言を言うのをやめて、どんな長所でも気づいたらすぐに褒めるようにしています。また、自分の要求を押し通すのではなく、相手の意見を理解するように努めています。そうすることによって人生を根本的に変え、友情と幸福を手に入れました。

結局、人生で本当に大きな意味を持つのは友情と幸福だけだと思います」

この手紙の筆者は、ふだん営業の現場で熾烈な競争をしている人物である。

052

幸せそうに振る舞えば幸せな気分になる

ほほ笑む気になれないなら、どうすればいいだろうか?

そんなときは無理にでもほほ笑むのだ。周囲に誰もいないなら、口笛を吹くか楽しい曲を口ずさもう。幸せそうに振る舞えば、たいてい幸せな気分になる。

ハーバード大学の心理学者ウィリアム・ジェームズ教授は、こう言っている。

「行為は感情に先立っているように見えるが、実際は行為と感情は同時に起こる。だから行為をコントロールすることによって、感情を間接的にコントロールすることができる。したがって、快活になりたいなら、快活に振る舞えばいいのだ」

あなたが快活に振る舞えば、周囲の人も快活に振る舞いたくなるものである。

053

いつでも歓迎される方法

セントルイス・カージナルスの元三塁手フランク・ベトガーは数年前に球界を引退し、今や全米で最も成功している保険外交員の一人である。彼は何年も前に、笑みを浮かべている人はいつでも歓迎されることを発見した。

そこで彼は、取引先の会社に行く前にいつも少し立ち止まり、感謝すべき多くのことを思い出し、心のこもった笑みを浮かべながら部屋に入るようにした。

「このシンプルなテクニックが保険外交員として大成功を収めることができた要因だ」と彼は言っている。

054

笑顔を見せられないなら、商売をするな

昔の中国の商人は世事にたけていた。私たちは彼らのことわざを肝に銘じるべきである。それは「笑みを浮かべることができない者は商売をしてはいけない」というものだ。

055
笑顔は人を癒やす

ある有名なコピーライターが百貨店向けにこんなウイットに富んだ広告をつくった。


笑顔は元手なしで大きな恩恵をもたらす。

笑顔を交わせば、お互いの気持ちが豊かになる。

笑みを浮かべるのは、相手に真心を贈るためだ。

たとえ一瞬の出来事でも、それは相手の記憶にいつまでも残る。

ほほ笑みは家庭に幸せを、事業に繁栄を、人々に友情をもたらす。

あなたの優しい笑顔は疲れている人を癒やし、落ち込んでいる人を勇気づけ、悩んでいる人に希望を与える。

お客様へお願い　万が一、当店の販売員が疲れていて笑みを浮かべることができないようなら、お客様の優しい笑顔を販売員に見せてやってください。

056

相手の名前を覚える

ジム・ファーリーは十歳のときに父親を亡くした。そのため工場で働くことになり、学校にほとんど通えなかった。しかし、愛想がよかったので大勢の人に好かれ、大人になって政界入りを果たすと、人の名前を覚える驚異的な能力を発揮した。

彼は高校に進学しなかったが、四十代半ばで四つの大学から名誉学士号を授与され、郵政長官に就任した。

私が「あなたの成功の秘訣は一万人の名前を覚えていることですね」と言うと、彼は即座にそれを否定し、「私は五万人の名前を覚えています」と言った。

ファーリー氏が選挙参謀としてフランクリン・ルーズベルトを大統領に当選させることができたのは、間違いなくこの能力のおかげである。

彼は新しい人と知り合うと、その人の名前と家族構成、仕事の内容、政治的立場をメモして記憶した。そして、もし一年後にその人に会うと、「奥さんと子供さんはお元気ですか？」と切り出し、庭の植物の生育状況などを尋ねた。

057

名前を間違えると怒りを呼ぶ

ほとんどの人は自分の名前に大きな愛着を持っている。だから、親しみをこめて相手の名前を呼ぶことは、相手をそれとなく立てていることになる。

しかし、もし相手の名前を忘れたり字を間違えたりすると、大変なことになりかねない。

例えば、私がパリで話し方教室を企画したとき、現地在住のすべてのアメリカ人に活字の手紙を送った。ところが、フランス人のタイピストが英語をあまり知らないために、ときおり名前を間違えてしまった。

後日、アメリカの大銀行のパリ支店に勤務する幹部から私宛てに「人の名前を間違えるとは何事か！」という厳しいお叱りの手紙が届いた。

058 自分の味方を増やす

実業家アンドリュー・カーネギーの成功の秘訣は何だろうか？

彼は鉄鋼王と呼ばれていたにもかかわらず、鉄鋼の製法をほとんど知らなかった。しかし、鉄鋼について自分よりずっとよく知っている数百人の従業員を味方につけていた。

彼は子供時代にリーダーシップをとることについて学んでいた。十歳になるころには、誰もが自分の名前を大切にしていることに気づき、その発見をもとに相手の協力を得ることに成功した。

彼は実業家になってから、人々のそういう心理をビジネスに応用した。ペンシルベニア鉄道に鉄鋼を売ろうとしたとき、エドガー・トムソンという人物がその会社の社長を務めていた。そこでアンドリュー・カーネギーはピッツバーグに巨大な製鋼工場を建設すると、その名称を「エドガー・トムソン製鋼工場」に決定した。

ここで質問しよう。ペンシルベニア鉄道がレールを必要としたとき、トムソン社長はそれをどこから買い付けただろうか？

059

相手を立てる

アンドリュー・カーネギーの会社とジョージ・プルマンの会社は、ユニオン・パシフィック社からの寝台車の受注をめぐって熾烈な戦いを繰り広げていた。カーネギーとプルマンはユニオン・パシフィック社の幹部と会って交渉するためにニューヨークに出向いたが、利益を度外視した値下げ競争のためにうまくいかなかった。

ある晩、カーネギーはプルマンとホテルのロビーで会談し、「もうこんな馬鹿げたことはやめにして、いっしょに合弁会社をつくりませんか」と言った。

プルマンはカーネギーの提案に耳を傾けていたが、今ひとつ納得がいかなかった。プルマンが「ところで、その新会社の名称は何にするつもりだね?」と尋ねると、カーネギーは「もちろんプルマン寝台車ですよ」と答えた。するとプルマンは身を乗り出し、「よし、その話を詰めよう」と言った。カーネギーの機転のきいた提案が産業界の歴史を変えたのである。

060

人の名前を大切にする

人々は自分の名前に大きなプライドを持ち、なんとしてでも自分の名前を後世に残そうとする。

例えば、サーカス王と呼ばれた興行師Ｐ・Ｔ・バーナムは自分の名前を継ぐ息子がいなかったので、孫息子のＣ・Ｈ・シーリーに大金を差し出してバーナム・シーリーと名乗るように依頼した。

十八世紀の大富豪たちは作家にお金を払い、冒頭に「この本を○○にささげる」と書かせることがよくあった。

図書館や博物館が豪華な収蔵品を保管しているのは、自分の名前が忘れ去られることに耐えられなかった人たちの努力の賜物である。例えば、ニューヨーク公立図書館にはアスター＆レノックス・コレクションが保管されているし、メトロポリタン美術館にはベンジャミン・アルトマンとＪ・Ｐ・モルガンの名前が記されている。また、大半の教会にはステンドグラスの窓があり、寄贈者の名前が書かれている。

061

名前を覚える労を惜しまない

多くの人が他人の名前を覚えていないのは、それを記憶しておくだけの時間と労力を惜しんでいるからだ。彼らは「忙しい」などと言い訳をして、自分の怠慢をごまかす。しかし、いくら忙しくても、フランクリン・ルーズベルト大統領ほどは忙しくはないだろう。

ルーズベルトはどんな身分の相手でも名前をしっかり覚えていて、分け隔てなく接していた。例えば、会合で出席者が集まって談笑していたとき、その場に居合わせた荷物係を見ると、すぐにその人物を名前で呼んで「さあ、こっちに来て、いっしょに記念写真を撮ろう」と言った。

062

名前を呼んで話しかける

ある日、大手自動車メーカー、クライスラーのチェンバレン社長は、足の不自由なフランクリン・ルーズベルト大統領のために特別仕様車をつくり、その使い方を教える目的で整備士といっしょにホワイトハウスを訪れた。

チェンバレン社長は当時を振り返り、「私は大統領に車の動かし方を教えたが、大統領は私に人の動かし方を教えてくれた」と言い、さらにこう述懐している。

「ホワイトハウスを訪れると、大統領はとても気さくに振る舞い、私を名前で呼んでもてなしてくれた。大統領は整備士の名前を一度聞いたが、整備士は内気なのですぐに後方に引っ込んだ。ところが、大統領は別れ際に整備士を探し、彼を名前で呼んで握手をしながら『今日は来てくれてありがとう』と言った。それは単なる社交辞令ではなく、とても心がこもっているのを、私はそばで見ていて感じた。

数日後、ニューヨークに戻ったあと、大統領のサイン入りの写真と礼状が届いた。こんなに忙しい人物がどうやってそのための時間をつくったのかは、私には謎である」

063

人の名前を覚える秘訣

ナポレオン三世は皇帝としての職務を果たすために多忙をきわめていたが、出会ったすべての人の名前を覚えていた。

彼のテクニックはいたって単純明快だった。相手の名前がよく聞こえなかったら、「申し訳ないが、よく聞こえなかった」と言い、珍しい名前なら、「それはどう書くのか？」と尋ねるのだ。

相手が特に重要人物なら、ナポレオン三世はさらに工夫をした。一人になるとすぐにその人の名前を紙に書きとめ、それを見ながら意識を集中し、その名前を脳裏に焼きつけるのだ。そうすれば強烈な印象が残るというわけである。

これは少し時間がかかるが、思想家のエマーソンが言っているように「マナーは小さな努力の積み重ねで成り立っている」ことを覚えておこう。

064

人々は話を聞いてくれる人を好きになる

ブリッジのパーティーで出会ったある女性は、私がヨーロッパ旅行をしたことをたまたま知っていた。しかし、彼女は自分がアフリカへ旅行に行ったときの話を一時間近くにわたって延々と話し続け、私のヨーロッパ旅行の話を聞こうともしなかった。彼女が求めていたのは、自分の体験談をじっと聞いてくれる人だったのである。

こういう人は珍しいだろうか？

そんなことはない。多くの人は似たり寄ったりである。ほとんどの人は自分の話をじっくり聞いてくれる人を求めているのだ。

065

相手の話に耳を傾けて、心から褒める

私はディナーパーティーの会場で他の数十人の来客には目もくれず、ある植物学者の興味深い話に聴き入っていた。深夜になってお開きになったとき、その植物学者はホストに向かって私のことを「会話上手」と褒めちぎった。

「会話上手」などと言われても、私はほとんど何も言わずに植物学者の話を聞いていただけである。しかし、それが彼を感激させたのだ。

作家のジャック・ウッドフォードは「自分の話をじっくり聞いてもらうのは光栄なことであり、それをいやがる人はほとんどいない」と言った。私はじっくり話を聞いただけではない。それに加えて相手を惜しみなく褒めたのである。

別れ際に「よくご存じですね。お話を聞けて楽しかったですし、とても勉強になりました。またぜひ会いたいです」と誠実な気持ちで言うと、相手の心をつかむことができる。

066
商談の秘訣

ハーバード大学の天才的な学者チャールズ・エリオット博士はこう断言する。

「商談の秘訣に謎めいた要素はいっさいない。話している人に注目しさえすればいいのだ。注目してもらった人にとって、それはこの上もなく光栄なことである」

自明のことではないだろうか。それを発見するのに大学に行って四年間も勉強する必要はない。

ところが、多くの商売人はそれを実践していない。彼らは高いテナント料を払って売り場を確保し、安く仕入れた商品をきれいに陳列し、莫大な広告料を出しておきながら、感じの悪い店員を雇って売上を低迷させている。

感じの悪い店員とは、客の話をさえぎり、反論し、イライラさせ、買う気をなくさせる店員のことだ。

067
最高のクレーマー対策は、話を聞くこと

どんなクレーマーも、じっくり話を聞いて共感してもらえば、たいてい冷静になって態度をやわらげる。心の中に溜まった毒々しい感情を吐き出すことができるからだ。

数年前、とある通信会社が一人のクレーマーに手を焼いていた。彼は請求額の間違いを主張して支払いを拒否し、新聞に投書し、公益事業委員会に不服申し立てをおこなった。そこで、社内随一の紛争解決の達人が出向いて話し合うことになった。

「私が自宅を訪問すると、彼はさんざんわめき散らしました。しかし、私は三時間近く話を聞き、どの点についても共感しました。通信会社の人間がそんなふうに接してくれたのは初めてだったようで、徐々に打ち解けてくれました。そして請求額を全額払ってくれることになり、委員会への不服申し立てを取り下げてくれました」

このクレーマーは自分を公益企業の搾取を告発する正義の味方だと考え、わめき散らすことによって自分の自尊心を満たそうとしていたのである。しかし、通信会社の交渉役にそれを満たしてもらうと、不満が解消して気分がすっきりしたのだ。

068 相手の話をじっくり聞く

数年前、腹を立てた顧客が大手毛織物会社の社長のオフィスに怒鳴り込んできた。

「そのお客さんは当社に十五ドルの支払い義務がありました。本人は認めませんでしたが、当社は彼の間違いを把握していました。すると、彼はシカゴまで足を運び、『支払うつもりはないし、あなたの会社の商品は二度と買わない』と言ったのです。

私は彼の主張を辛抱強く最後まで聞きました。そして彼がようやく落ち着きを取り戻したとき、私は静かな声で『本日はお越しいただき、ありがとうございました。ご意見を参考にさせていただきます』と言いました。

怒鳴り込んでお礼を言われるとは、彼は夢にも思わなかったことでしょう。私は『お客様のお気持ちはよくわかります。私がお客様の立場なら同じように感じると思います。ご指摘のとおり、十五ドルの請求を取り消しました』と言いました。

すると後日、そのお客さんは『あとで調べたら、勘違いだった』と謝罪し、十五ドルの小切手を送ってきただけでなく、その後ずっと当社の商品を買い続けてくれました」

069

話し上手より聞き上手が愛される

多くの有名人をインタビューしてきた雑誌編集者アイザック・マーカソンは、「多くの人は相手の話に耳を傾けないので好印象を与えることができない」と言っている。「多くの人は自分が次に言いたいことに気をとられているために、相手の話を上の空で聞いている。人々は話し上手よりも聞き上手を好む。聞く力は他のどんな資質よりも稀有なようだ」

話し上手より聞き上手を好むのは有名人だけではない。それは一般人も同じだ。『リーダーズ・ダイジェスト』誌によると、多くの人が医者にかかるのは、ただ単に自分の話を聞いてもらいたいからだという。人々は心身の不調で悩んでいるときに自分の話を聞いてくれる人を求めるのである。

070
聞いているだけで相手を癒やせる

南北戦争のさなか、リンカーン大統領は故郷イリノイ州の旧友に手紙を書き、「ワシントンに来てもらえないだろうか。話し合いたいことがある」と伝えた。

旧友がホワイトハウスに出向くと、リンカーンは奴隷解放の是非について何時間も話した。彼は賛成と反対の両方の意見について一人で延々と論じ、旧友の意見を求めず、夜になると握手をして別れた。

「彼はそうやって自分の考えをまとめていたのだろう。話し終わると気分がだいぶ楽になったようだった」と旧友は語っている。

リンカーンはアドバイスを求めていなかった。心の重荷を軽くするために、共感してくれる友人に話を聞いてほしかっただけなのだ。

私たちが困っているときに求めているのは、話を聞いてくれる人である。イライラしている客、不満を抱えている知人、傷ついている友人が求めているのは、まさにそれなのだ。

071

自分のことばかり話すと嫌われる

人々に疎んじられ、陰で笑われ、軽蔑されたいなら、いい方法を教えよう。相手の話にじっくり耳を傾けずに自分のことばかり話し、言いたいことがあれば、相手に最後まで話をさせずに口をはさみ、自分のほうが賢いと思って相手を見下し、遠慮なく話をさえぎって自分の主張を展開するのだ。

あなたの周りに、こんな馬鹿げたことを実行している人はいないだろうか？

残念ながら、私の周りにはそういう人が何人かいる。しかも驚くべきことに、そのうちの何人かは著名人だ。

彼らは人々をうんざりさせるのが得意だ。自分が偉いと思い込んで、すっかり傲慢になっているのだ。

自分のことばかり話している人は、自分のことばかり考えている。さらに、コロンビア大学のニコラス・バトラー学長に言わせると、「自分のことばかり話している人は、たとえどんなに教育を受けていようと、どうしようもなく教養がない」のである。

072

会話上手のコツ

何も言わずに相手の話にじっと耳を傾けるのは難しいかもしれない。しかし、会話上手になりたければ、自分のことをしばらく忘れて聞き役に徹する必要がある。

073
答えたくなる質問をする

相手に関心を持ってほしいなら、相手に関心を持つ必要がある。相手が答えたくなる質問をし、相手に自分自身の功績を話してもらおう。

相手はあなたのことより自分のことに関心を持っている。

考えてみよう。相手の歯の痛みは、その人にとっては外国で大勢の人が餓死するよりも関心のある問題だ。相手の首の腫れ物は、その人にとっては外国で大地震が発生するよりも関心のある問題だ。

だからもし人々に好かれたいなら、相手の話にじっくり耳を傾ける必要があるのだ。

074

相手の関心事について調べておく

セオドア・ルーズベルト大統領のもとを訪れた人は皆、その幅広い知識に驚かされる。「相手が政治家であれ、外交官であれ、カウボーイであれ、ルーズベルトはどんな話題にも合わせることができた」と伝記に書かれている。

その秘訣はなんだったのか？

答えは簡単である。来客があるとき、前夜に遅くまで起きて、相手が特に関心を持っているテーマについて調べていたのだ。

ルーズベルトは他のすべてのリーダーと同様、相手の心をつかむ最も確実な方法は、相手の関心事について話すことだと心得ていたのである。

075

相手の関心事を話題にする

イェール大学文学部のウィリアム・フェルプス元教授は、人間の本質についてふれたエッセーの中でこう回想している。

「子供のころ、週末によく叔母の家を訪ねた。ある晩、中年の男性が訪れて叔母と楽しそうに会話したあと、その男性は私に注目した。当時、私はボートについて興味を持っていて、その男性とボートについて話した。その男性が立ち去ってから、私は『あの人はボートについてすごく興味を持っていて、話がとても面白かった』と言った。すると、叔母は『あの男性はニューヨークで弁護士をしていて、ボートについてはまったく興味がないのよ』と言った。私が『じゃ、どうしてあの人はボートのことばかり話したの?』と尋ねると、叔母は『あなたがボートについて興味を持っているのを知って、楽しませるためにボートについて話してくれたのよ。あの人は紳士だから、相手に対して感じよく振る舞うように心がけているのね』と言った。

フェルプスは「その教訓を永遠に忘れない」と記している。

076

自分の用件より相手の興味をひくことについて話す

　ボーイスカウトの指導者シャリフ氏が、大企業の社長に寄付を頼みに行った。その社長に会う前、彼が百万ドルの小切手を振り出したのに取引が中止になり、それを額に入れて飾っていることを聞いていた。シャリフ氏は社長にその小切手を見せてほしいと頼んだ。

「百万ドルの小切手なんて見たことがありません！　ボーイスカウトの少年たちにその話をしてやりたいんです」

　すると、社長は快く見せてくれた。シャリフ氏は感激し、それを振り出すことになったいきさつを話してほしいと頼んだ。社長はそれについて説明したあと、「ところで、どんなご用件ですか？」と尋ねた。シャリフ氏が用件を言うと、驚いたことに、社長は快諾してくれただけでなく、希望額の数倍の寄付をし、その後もさまざまな協力をしてくれた。

　シャリフ氏は自分の用件からではなく、相手の興味をひくことについて話を始めたのだ。その効果は絶大だった。

077

相手の関心をひくより、相手に関心を持つ

あるパン屋が近所の大きなホテルにパンを卸す契約をとるために売り込みを続けていた。四年間、毎週、支配人を訪問したが、うまくいかなかった。そこでやり方を変え、支配人が何に興味を持っているかを見きわめることにした。すると支配人がホテル経営者協会の会長を務め、協会の運営に心血を注いでいることがわかった。

次に支配人と面会したとき、その協会のことにふれると、支配人の反応が変わった。三十分以上も熱弁を振るったうえ、会員になることまで勧められたのだ。そのパン屋はパンのことについては一言も話さなかったが、数日後、ホテルのスタッフからサンプルと見積書を持ってくるようにという電話があった。パン屋が事情を尋ねると、スタッフは「詳しくはわかりませんが、支配人はあなたをとても気に入っていますよ」と言った。

支配人の関心をひこうとした四年間の苦労は実を結ばなかったが、逆に支配人に関心を持ったとたんに成果があがったのだ。

078

見返りを期待せずに相手を褒める

ある日、郵便局に行くと、長い行列ができていた。ようやく自分の番が来たとき、つまらなさそうな表情で働いている男性職員の気分をよくしてあげようと思い、髪型を褒めた。すると、その職員は戸惑いつつも、嬉しそうな表情で私に礼を言った。

この話を講演会で紹介したところ、あとで一人の参加者から「相手に何らかの見返りを期待していたのでしょう」と言われた。

しかし、私は見返りを期待して、その職員を褒めたわけではない。その職員に気分よく働いてもらおうと思って、心を込めて褒めただけである。

見返りが得られなければ、他人を褒めることができない人は実に多い。だが、そういう姿勢はあまりにも利己的で心が狭いと言わざるをえない。

たしかに私は何かを期待していた。相手を喜ばせることを言って愉快な気分になりたかったのだ。それはいい思い出としてお互いの記憶に残ることだろう。

079

自分がしてほしいことを相手に対してする

人間の行動規範に関する重要な原則がひとつある。その原則に従えば、人間関係のトラブルに巻き込まれず、多くの友人に恵まれる。だが、その原則に違反した瞬間、次々とトラブルに見舞われる。その原則とは、常に相手の自尊心を満たすことである。自分の自尊心を満たしたいという思いは、人間の最も根源的な欲求なのだ。

哲学者は太古の昔から人間関係の原則について考えてきて、ひとつの重要な教えにたどり着いた。それは、自分にしてほしいことを相手に対してするということだ。

あなたは自分の価値を相手に認めてほしいと思っている。自分の小さな世界の中で重要な存在でありたいと感じたがっている。薄っぺらなお世辞ではなく、心のこもった褒め言葉を求めている。友人や同僚から称賛の言葉をかけてほしいと願っている。これはすべての人に共通する願望なのだ。

だから、自分にしてほしいことを相手に対してしよう。いつでも、どこでも、惜しみなく、それを実行することが大切だ。

080

誰に対しても丁寧な話し方を心がける

自分にしてほしいことを相手に対してするという人間関係の原則を、具体例でわかりやすく説明しよう。

レストランでフレンチポテトを注文したのに、間違ってマッシュポテトが来たとき、あなたはどういう態度をとるだろうか？

もしあなたがウェイトレスなら、「おい、違うじゃないか」と客に怒鳴られるより、「すみませんが、マッシュポテトではなくフレンチポテトを持ってきてください」と丁寧に言ってもらったほうが嬉しいはずだ。これは本職のウェイトレスにとっても同じことである。ウェイトレスは客から敬意を示してもらうと、「かしこまりました」と笑顔で言い、喜んで料理を取り換えてくれるに違いない。

「すみませんが、～してください」「恐れ入りますが、～してもらえませんか」といった丁寧表現は、ぎすぎすしがちな人間関係の摩擦を防ぐ潤滑油である。それを上手に使いこなせるのは、洗練されたマナーを身につけている証しでもある。

081

褒め言葉が持つ計り知れない力

イギリスの作家ホール・ケインは『永遠の都』などの名作で知られ、世界中の人々に親しまれている。貧しい家に生まれ、八年間しか学校教育を受けなかったのに、やがて世界有数の裕福な作家になったのはなぜか？

そのいきさつを説明しよう。ケインは詩が大好きで、ロセッティの詩を愛読していた。ロセッティの芸術的業績を称賛するエッセーを書いて本人に送っているほどだ。

ロセッティはそれを読んで感動し、「私の才能を高く評価する若者はさぞかし聡明だろう」と独り言を言ったに違いない。そこで、ケインをロンドンの自宅に招いて秘書として雇った。これがホール・ケインの人生の転機となった。名だたる文学者たちと出会えたからだ。彼らのアドバイスと励ましのおかげで、彼は有名な作家になった。

もしケインがロセッティに称賛の言葉を書いて送らなかったら、こんな展開にはならず、無名のまま生涯を終えていたかもしれない。誠実な気持ちで褒めて相手の自尊心を満たすことが、計り知れない力を持っている証しである。

082

相手の素晴らしさをさりげなく指摘する

率直に言って、あなたが出会う人の大半は、自分が何らかの点であなたより優れているとひそかに思っている。だから相手の心をつかむ確実な方法は、相手の価値を認めていることを誠実な気持ちでさりげなく知らせることだ。そうすれば、相手の自尊心を満たすことができる。

エマーソンが「すべての人は何らかの点で私より優れているから、私は出会った相手から必ず何かを学ぶことができる」と言っているのを思い出してほしい。

歴史に名を残す偉大な思想家のこの謙虚な姿勢を見習おう。自分の素晴らしさをアピールするより、相手の素晴らしさをさりげなく指摘するほうが好感度を高めるのだ。

083

心から称賛することの力 その❶

私の講演を聞いたある男性が、年老いた叔母を訪問したときのことだ。心から称賛できることを見つけようと家の中を見回し、「私の生家を思い出します。とても美しいですし、造りがよくて広々としていますね。最近、こういう家は少なくなりました」と言った。

これを聞いて叔母は声を震わせ、「この家は愛情を込めて建てられたものです。設計士に依頼せず、亡くなった夫と二人で設計しました」と言った。

家の中を案内してもらいながら、彼は叔母が大切にしてきたさまざまな美術品やインテリアを心から称賛した。叔母は彼をガレージに連れて行った。そこには新車同様の高級車があった。叔母は「これは夫が亡くなる少し前に買ってくれたパッカードです。夫が亡くなってから、私は一度も乗っていません。あなたはよいものがわかるようですから、この車を差し上げましょう」と言った。

ふだん自尊心を満たしてくれる人がそばにいない孤独な叔母は、甥の言葉を聞いて砂漠の中に泉を見つけたような気持ちになり、どうしても贈り物がしたくなったのである。

084

心から称賛することの力 その❷

ある造園業者が、私の講演を聞いたあとで高名な判事の邸宅の庭園で働いていると、判事が出てきた。造園業者は「素敵な趣味をお持ちですね。素晴らしい犬です。品評会で毎年入賞するのもうなずけます」と心を込めて言った。

この言葉の効果はてきめんだった。

「犬とはとても楽しく過ごしています。犬小屋を見ますか？」

判事は一時間以上かけて犬や受賞歴について説明し、「あなたには幼いお子さんがいますか？」と尋ねた。造園業者が「はい」と答えると、判事は「幼い子供は子犬が大好きですよね。一匹差し上げましょうか？」と言い、血統書に加えて餌のやり方も紙に書いて、子犬とともに造園業者に持ち帰らせた。

この造園業者が、数百ドルはする子犬と判事との貴重な時間を得ることができたのは、判事の趣味を心から称賛したからだった。

085

成功者も称賛に飢えている

コダック社の創業者ジョージ・イーストマンは映画の撮影フィルムを発明して世界で最も有名な実業家の一人となった。だが、称賛を求める気持ちは私たちと同じだった。

ある日、家具会社社長のアダムソン氏が椅子を受注するために訪ねてきた。アダムソン氏は知人から「イーストマン氏はとても多忙で厳格だから、五分以内で話を済ませて退出するように」と事前に注意を受けていた。

部屋に入っていくと、イーストマンは顔を上げた。アダムソン氏は「イーストマンさん、面会を待つ間、あなたのオフィスを見て感銘を受けました。私もこんな部屋で仕事がしたいものです。これほど美しいオフィスは見たことがありません」と言った。

イーストマンはそれを聞いて感激し、部屋を案内しながら、自分が考えた装飾について説明した。また、貧しかった子供時代や発明の苦労などを二時間以上にわたって話したうえ、アダムソン氏を自宅に連れて行って昼食をともにした。もちろん、高額な椅子の発注をしてくれた。その後、二人は末長く親交を深めた。

086

異性の心をつかむ秘訣

女性の心をつかむ秘訣を知りたいだろうか。これはとても効果的だが、私のアイデアではない。ジャーナリストのドロシー・ディックス女史から拝借したものだ。彼女は、二十三人の女性の心と貯金を奪った有名な結婚詐欺師に獄中でインタビューを敢行した。彼女が「こんなに多くの女性の心をつかむ秘訣は何か？」と尋ねると、彼は「秘訣というほどのものではない。女性に自分自身について話をさせればいいだけだ」と答えた。

このテクニックは男性についても効果を発揮する。大英帝国の歴史に残る名宰相ディズレーリは「男性に自分自身について話をさせよ」と言った。彼によると、「男性に自分自身について話をさせれば、その男性は自尊心を満たすことができるから相手に心を開く」というのだ。

3 自分の考えを相手に受け入れてもらう方法

087

相手の体面を保つ

ある晩、パーティー会場で右隣に座っていた男性が、聖書からの引用と称して格言を紹介した。私はそれを聞いてシェイクスピアからの引用であることに気づき、優越感にひたるために彼の間違いを指摘した。ところが、その男性は自説にこだわった。そこで、左隣に座っていた旧友に意見を求めると、「彼の言うとおり、聖書からの引用だ」と言った。

私は帰りの道すがら旧友に向かって、「シェイクスピアからの引用であることぐらい君もよく知っているはずだ」と言った。すると彼は「たしかにそのとおりだが、あの場で彼の間違いを証明する必要があるのかい？　そんなことをして彼が君を好きになるとでも思うのか？　あの状況では相手の体面を保ったほうが丸く収まるんだよ」と言った。

その旧友はすでに亡くなったが、「議論を避けて相手の体面を保て」という彼の教えは今もよく覚えている。実際、それは私にとって非常に貴重な教訓となった。

088

議論に勝つことはできない

私は子供のころから議論が大好きで、大学ではディベートに熱中し、ニューヨークに来てからはディベートの仕方を教えるようになった。それ以来、数えきれないぐらい議論をしてきた。その結果、議論は避けることが最も利口な方法だという結論に達した。九割の確率で、議論は双方が自説に固執するかたちで終わる。議論をすると、ほとんどの人は自分が正しいと思いたがるからだ。

議論に勝つことはできない。もしあなたが負ければ、あなたの負けだし、たとえあなたが勝っても、あなたの負けだ。なぜだろうか？

もし議論をして完膚なきまでに相手をたたきのめしたらどうなるか考えてみよう。あなたは気分がよくなるかもしれないが、相手はどうだろうか？

あなたは相手をおとしめ、相手の大切なプライドを傷つけてしまった。結局、相手はあなたの勝利を祝う気になれず、恨みだけが残る。

089

議論を避ける

人間関係の達人と言われるベンジャミン・フランクリンは、こう言った。

「もし議論をし、反論をしたら、場合によっては勝利を収めることもあるだろう。だが、それは無意味な勝利である。なぜなら、相手の好意を得ることは到底できないからだ」

よく考えてみよう。相手を理論的に打ち負かしたいのか、相手の好意を得たいのか？

その両方の願望が同時に実現することはめったにない。

090

自分の正義を貫いても意味がない

ある新聞にこんな詩が掲載されていた。

議論の名人ウィリアム・ジェイ、ここに眠る。
故人は自分なりの正義を貫いて死んでいった。
しかし、どんなに正しくても、むなしさだけが残る。

たしかにあなたの言い分は正しいかもしれない。だが、相手の意見を変えることに関するかぎり、たぶんあなたの努力は報われない。

091

議論では何も解決しない

財務長官を務めたこともある大物の政治家ウィリアム・マッカドゥーは、政界で数十年にわたって活動してきて、「無知な人間を議論によって打ち負かすことは不可能だとわかった」と言った。

マッカドゥーは「無知な人間」と言っているが、私の経験では知能指数は関係ない。すべての人を議論によって心変わりさせることはまず不可能だ、というのが私の率直な感想である。

092

相手に敬意を示す

所得税の支払いをめぐって税務コンサルタントが税務署の調査官と一時間にわたり議論した。九千ドルという項目について、コンサルタントは事実を説明して「課税対象にはならない」と主張し、調査官は「課税対象になる」と反論した。

このコンサルタントは私にこう言った。

「議論すればするほど、調査官は意固地になりました。そこで、私は議論を避けるために彼の仕事に敬意を示し、『私は税務を本で学んだだけですが、調査官は実地で学べますからうらやましいです』と言いました。すると、調査官は急に態度を変え、親しみを持って接してくれました。『この問題を再検討しますので、三日後に再び来てください』と言うので、三日後に行くと『納税申告書をそのまま受理します』と言ってくれました」

この調査官は自分の自尊心を満たしたかったのだ。コンサルタントと議論したとき、調査官は自尊心を満たすために権威を誇示したが、仕事に敬意を示してもらって自尊心を満たすことができたので、コンサルタントに共感して親切に接したのである。

093

勝ちをゆずる

ナポレオンの従者長は皇后ジョゼフィーヌとよくビリヤードをして遊んだ。従者長が残した手記には、「私はビリヤードが少し得意だったが、いつも皇后に勝たせるようにした。皇后はそのたびに大喜びしていた」と書かれている。

この従者長から教訓を学ぼう。顧客、恋人、配偶者とたわいのないことで議論になりそうになったら、勝ちをゆずってやるのだ。相手はそのたびに大喜びすることだろう。

094

議論するよりも思いやりを持つ

ブッダは「憎しみを終わらせるには憎しみではなく愛が必要だ」と言った。

それと同様に、誤解を終わらせるには議論ではなく思いやりが必要だ。

議論をして相手を打ち負かそうとするのではなく、相手に共感し、理解を示すだけの思いやりを持とうではないか。

095

いつも相手にゆずったほうが得策だ

青年将校が同僚と激しく議論しているのを見て、リンカーンはそれをたしなめた。

「自分の能力を最大限に発揮しようと決意している者が、個人的な争いをしている場合ではない。腹を立てて自制心を失うと、好ましくない結果をもたらすから気をつけなさい。自分が相手と同じぐらい正しいなら、大きなことでもゆずればいい。明らかに自分が正しくても、小さなことならゆずったほうがいい」

096

自分の正しさを過信しない

セオドア・ルーズベルト大統領は、自分は七五%の確率で正しければ上出来だと思っていると周囲の人に打ち明けた。

これほど傑出した人物が七五%で上出来だと思っているとすれば、あなたや私はどうだろうか。

私たちが正しいのは、いくら高く見積もっても、せいぜい五五%ぐらいではないか。この程度の確率で相手が間違っていると主張してもいいのだろうか。

097

相手の意見を尊重する

もし相手に向かって単刀直入に「あなたは間違っている」と言ったら、相手はあなたに賛同したくなるだろうか？

そんなことはまずない。

相手は自尊心を傷つけられるから反論したくなる。あなたがどんなに名論卓説を並べようと、相手は自分の信念を曲げようとしないだろう。なぜなら、相手は論理の生き物ではなく感情の生き物だからだ。

098
諭すときは、さりげなく

「あなたの誤りを証明しよう」などと言って話を始めるのは愚の骨頂である。それは「私のほうが利口だから、あなたに訓示を垂れてあげよう」と言っているに等しい。

こういう高圧的な態度では反発を招くだけで、相手は自分のプライドを守るために対抗せざるをえなくなる。

あなたがどんなに善意にあふれていても、そんなことでは相手の信念を変えることは至難のわざだ。

どうしても何かを証明しなければならないなら、それを相手に気づかれないようにさりげなくすべきだ。つまり、人を諭すときは、諭していないように相手に思わせることが大切である。

099
「あなたは間違っている」と言ってはいけない

ソクラテスは「私が知っているのは、自分が何も知らないということだけだ」と言った。私はいくら頑張ってもソクラテスのように賢明になれそうにないから、他人に「あなたは間違っている」と言うのをやめた。この方針転換はとても効果的だったようだ。

もし相手が間違っていることを言ったら、たとえそれが明らかな間違いであっても、いきなりそれを指摘するより、「そうは思いませんが、私が間違っているかもしれないので、いっしょに考えてみませんか」と切り出したほうがいい。

これは魔法のような効果を発揮するセリフだ。「私が間違っているかもしれないので、いっしょに考えてみませんか」と言われて、反感を抱く人がいるだろうか。

自分が間違っている可能性を認めてトラブルに巻き込まれることはない。これは無益な論争を防いで、相手が寛大な態度で公平に物事を考えるきっかけになる。その結果、相手も自分が間違っているかもしれないと認めることができる。

人は間違いを指摘されると意固地になる

ほとんどの人は論理的に考えない。多くの人は偏見と先入観を持ち、嫉妬心、猜疑心、恐怖心、プライドによってがんじがらめになっている。だから彼らは思想信条からヘアスタイルにいたるまで自分の考えを改めようとしない。もし相手の誤りを指摘したくなったら、コロンビア大学の歴史学者ジェームズ・ロビンソン教授の次の文章を肝に銘じよう。

私たちは自発的に自分の考えを改めることがあるが、誰かに「あなたは間違っている」と言われると、非難されたように感じて頑なな態度をとる。私たちは自分の信念についてふだん無頓着だが、誰かにそれを疑われると自説に固執しようとするのだ。

明らかに、私たちが守ろうとしているのは自説そのものではなく、脅威にさらされた自尊心である。私たちは自分が真実だと受け入れてきたものをずっと信じたがり、自分の信念に疑いを向けられると、自説にしがみつくためにあらゆる口実を思いつく。その結果、今までと同じ信念を抱き続けてもいいという根拠を見つける。

101

優しい気づかいが心を開かせる

かなり前の話だが、私はインテリアデザイナーに依頼して自宅用のカーテンをつくってもらった。ところが請求書が届くと、料金があまりにも高いので驚いた。

後日、友人がカーテンを見るために訪ねてきた。私が料金の話をすると、彼女は見下したように「うかつだったわね。きっとふっかけられたのよ」と言った。

彼女の言うとおりだったが、自分のふがいなさを指摘されて喜ぶ人はめったにいない。私も人間だから自己弁護をし、理屈をこねて「あの状況では仕方なかった」と反論した。

翌日、別の友人が訪ねてきて、「私もお金があれば、こんな素敵なカーテンを買ってみたいわ」と優しく気づかってくれた。すると、私は昨日とはまったく違う反応をし、「実を言うと、けっこう高くついたので後悔している」と言った。

私たちは自分が間違っているとき、たいてい心の中でそれを認めている。だから優しく気づかってもらうと、心を開いて相手にそれを認めることができる。しかし、相手からその不快な事実を無遠慮に突きつけられると意固地になってしまうのだ。

102
罵倒と嘲笑は無意味

全米で最も有名な編集者と呼ばれたホレース・グリーリーは、南北戦争でのリンカーンの方針に猛反対した。彼はリンカーンを罵倒し嘲笑する作戦で自分の意見を大統領に受け入れさせようとした。そのために執拗に論陣を張り、リンカーンに対する個人攻撃までおこなった。

リンカーンは痛烈に批判されてグリーリーに賛同しただろうか？

いや、まったくそんなことはなかった。いくら相手を罵倒し嘲笑しても、なんの成果も得られないのである。

103 控えめな表現を心がける

万能の天才とたたえられる科学者、外交官、政治家のベンジャミン・フランクリンは、若いころ人間関係で失敗ばかりしていた。ある日、友人が彼を呼んでこう言った。

「君は厳しい意見を言うから、みんながいやがっている。たしかに君は博学だが、独善的だ。このままだと誰からも見放されて、いずれ自滅してしまうよ」

フランクリンは賢明にもその指摘を受け入れ、すぐに反省して尊大な態度を改めた。

彼は自伝にこう書いている。

「私は相手の気持ちを無視して自己主張をするのを慎む決意をした。そして、『絶対にそうだ』と決めつけるのを避け、『私が思うには』とか『あくまで私見だが』と控えめに切り出すことを心がけた。相手が明らかに間違ったことを言っても、それを指摘して優越感にひたるのではなく、『場合によってはそうだが、この場合はそうではないかもしれない』と言えば、すんなり受け入れてもらえる。私は口下手だが、この習慣のおかげで長きにわたって社会で影響力を持ち、大勢の人に提案を聞き入れてもらうことができた」

104 自分の誤りを潔く認める

相手に批判される前に先手を打って謙虚に自己批判をしたほうがずっといい。相手に厳しく叱責されて窮地に立たされるより、すすんで自分の誤りを認めて素直に反省するほうが気分的にずっと楽である。

自分の誤りを取り繕うのは、どんな愚か者でもできる。実際、ほとんどの愚か者はそれをしがちだ。彼らは自分の誤りが明らかなときでも言い逃れをする。

だが、そんな姑息なことをするのではなく、自分の誤りを潔く認めたほうがいいのではないか。そうすれば、自分の誠実さを相手に示し、その他大勢から抜け出すことができるのだから。

105

自分が正しいときと間違っているとき

自分が正しいときは、相手にそれを受け入れてもらうように思いやりを持って優しく接するべきだ。

しかし、自分が間違っているときは、潔くすぐにそれを認めたほうがいい。実際、私たちは正しいより間違っていることのほうがずっと多いものだ。

自分の誤りを潔く認めることは驚くほど大きな成果をもたらすだけではない。信じられないかもしれないが、そのほうが自分を擁護するよりもはるかにすがすがしい気分にひたることができる。

106 自己批判は相手の敵意を消す

ある有名な商業デザイナーは自己批判の技術を使うことによって、口うるさいディレクターとの関係を改善することができた。

ある日、デザイナーはディレクターからすぐに来るようにという電話を受けた。急いで向かうと、ディレクターは彼の仕事を批判し始めた。そこでデザイナーは自己批判の技術を応用し、「申し訳ございません。お恥ずかしいかぎりです」と謝罪した。

すると、ディレクターは「いや、それほど重大な問題じゃない」と言ったのだ。

しかし、デザイナーは「たとえ小さなことでも、私には重大な問題です。たくさんの仕事をいただいていますから、最高のものをお届けしたいのです。最初からやり直します」と言った。するとディレクターは「いや、そこまで手間をかけてくれなくていいよ」と言い、デザイナーの仕事を褒め、ほんのわずかな変更だけを求めてOKを出した。

デザイナーは本気で自己批判をしたおかげでディレクターの敵意を消すことができ、しかも新しい仕事を獲得することに成功したのだ。

107
相手の自尊心を満たして成果をあげる

配管の販売をしているアルバート・アムセル氏は、ある配管工から注文を取りたいと思っていた。しかし、その配管工はまったく相手にしてくれなかった。

アムセル氏の会社は、その配管工が仕事をしているクイーンズ・ビレッジという地区に支店を開こうとしていた。

ある日、アムセル氏はその配管工のもとを訪ねて、こう言った。

「今日はセールスに来たのではありません。よろしければお願いしたいことがあるのです。クイーンズ・ビレッジに出店したいと思っているのですが、あなたは土地勘がおありなので、それが得策かどうかを教えていただきたいのです」

すると、その配管工はうなずき、一時間もクイーンズ・ビレッジについて説明し、出店に賛成して候補地の選定や仕入れの方法などを教えてくれた。アムセル氏はその配管工とすっかり仲よくなり、大口の注文をもらった。

相手の自尊心を満たしたことが、対応に劇的な変化を招いたのである。

108

相手の権威を認める

私はよく犬を連れて近くの公園へ散歩に行ったものだが、子犬だったのでリードをつけなかった。ところがある日、警官と出くわすと、それをとがめられた。私は穏やかに「この犬は安全ですから」と反論したが、警官は「その犬は子供に噛みつくかもしれない。今度、リードをつけていないのを見つけたら罰金だ」と言った。

犬も私もリードが嫌いだったので、数日後にはリードをつけずに散歩をした。すると翌週、また同じ警官と出会った。これはまずいことになったと思ったが、警官が口を開く前に、「弁解の余地はありません。先週あなたから罰金だと警告を受けています」と言った。すると警官は穏やかな口調で「周りに誰もいないなら、ここで子犬を走らせたい気持ちもわかる。丘の向こうで走らせなさい。そこなら私には見えないから」と言った。

警官も人間だ。最初に会ったときは権威を示して自尊心を満たした。ところが再び会ったときは、私が相手の権威を認めて自分を批判したので、警官としては、もう権威を示す必要がなくなり、寛大な措置をとることによって自尊心を満たしたのだ。

109

怒りが怒りを呼ぶ

もし何かに腹を立てて相手に怒りをぶちまけたら、あなたはさぞかしすっきりすることだろう。しかし、相手はそれによってどんな気分になるだろうか。あなたの敵対的な態度に共感を示してくれるだろうか。

平和原則を唱えたウッドロー・ウィルソン大統領は、こう言っている。

「もしあなたが喧嘩腰でやってきたら、私も同じように喧嘩腰で応じることになる。だが、もしあなたが『お互いの相違点について、じっくり話し合って理解を深めましょう』と言ってくれれば、私たちは相違点が意外と少なく、賛同できる点が多々あることに気づくはずだ。そして、もし双方に我慢強さと思いやりがあれば、これからいっしょに仲よくやっていくことができるだろう」

110
友好的な雰囲気をつくる

作業現場で全米最大級のストが発生し、多くの労働者が怒りをあらわにして賃上げを要求した。しかし、実業家のロックフェラーは現場を訪れ、自分に向けられた激しい憎悪が燃え盛る中で感動的なスピーチをして危機をみごとに乗り切った。

「今日は私の生涯で記念すべき日です。わが社の従業員の代表者の皆さんとお会いできて光栄に思います。ここにいることができて誇らしい気持ちでいっぱいです。私たちは共に働く仲間として友好的な雰囲気の中で会い、共通の利益について話す機会を持てたことを嬉しく思います。今、私は皆さんと親しい間柄になれたように感じています」

これは敵を味方に変えるスピーチのお手本である。実際、それまで怒り狂っていた労働者たちは、友好的な雰囲気と共通の利益を強調したスピーチを聴いて感動した。もしロックフェラーがそれと正反対の方針をとって労働者たちの誤りを論理的に証明していたら、彼らの怒りはさらに激しく燃え上がり、ストは収拾がつかなくなったに違いない。

III

理詰めではなく、友好的な姿勢を示す

もし相手が反感を抱いていたら、あなたはどんな論理を駆使しても相手を説得することはまずできない。

がみがみ言う親、威張り散らす上司、偉そうにしゃべる夫、小言を言う妻は、自分がそういう嫌味な態度をとっているかぎり、相手はいつまでたっても言うことを聞いてくれないことを理解すべきである。

相手に無理やり言うことを聞かせて成果をあげることはできない。だが、もしあなたが心を開いて優しく友好的に接するなら、きっと相手も心を開いて優しく友好的に接してくれるだろう。

苦い汁より一滴の甘い蜜

リンカーンは、はるか昔に人間関係の原則を理解していた。彼はこう記している。

一滴の蜂蜜は大量の苦い汁より多くのハエを集める。人間も同じことだ。もし自分の言うことを聞き入れてほしいなら、まず自分が相手の誠実な友人であることを伝える必要がある。

不快な言葉をくどくどと並べるのは得策ではない。たった一言の優しい言葉が相手の心の琴線にふれる。それが相手の理性に働きかける最も確実な方法だ。

113
友好的に接する

ストに参加する労働者たちには敵対的な姿勢をとるより友好的に接するほうが得策だ。経営者たちはそれを実感している。

例えば、ある自動車工場で働く二千五百人の労働者が賃上げを要求したとき、社長はけっして彼らを非難したり脅したりしなかった。それどころか労働者たちを褒め、地元の新聞に彼らの「穏やかな態度」を称賛する広告を掲載した。社長は「空き地で野球でもしたらいいよ」と呼びかけ、人数分のバットとグローブを購入し、ボウリングが好きな人のためにボウリングのレーンを借りた。

社長の友好的な態度は労働者たちの友好的な態度を引き出した。彼らは自発的にホウキとシャベルとゴミ箱を借り、落ちているマッチとタバコの吸い殻を拾ったのだ。

賃上げを要求してストをしている労働者が工場の空き地を掃除している姿を想像してほしい。こんなことは全米の労働紛争で前代未聞の出来事である。

結局、このストは双方が満足するかたちで一週間以内に妥結した。

114

要求するときは友好的な姿勢をとる

ある男性はマンションの家賃を下げてほしかったが、家主が頑固者だという評判を他の入居者たちから聞いていたので、私の講習会で学んだことを試すことにした。

彼は家主と会ったとき、笑顔であいさつをして善意を伝えた。しかし、いきなり家賃が高いことについてはふれず、このマンションが気に入っていることを強調し、家主の運営方針を称賛した。すると、家主は「ふだん入居者たちから苦情ばかり聞かされてうんざりしているが、こんなふうに褒めてくれる入居者がいてくれて嬉しい」と言い、男性が何も言わない先から「家賃を下げてあげましょう」と申し出てくれた。男性はもっと値引きをしてほしかったので具体的な金額を言うと、家主は喜んで応じてくれただけでなく、「ついでに内装もお好みに合わせますよ」と言ってくれた。

もしこの男性が他の入居者たちと同じように文句を言いながら家賃の値下げを主張したら、家主はけっして応じてくれなかっただろう。条件を改善してほしいなら、敵対的な姿勢で要求を突きつけるのではなく、友好的な姿勢で感謝の気持ちを伝えることが大切だ。

115

北風と太陽

イソップ寓話に「北風と太陽」という有名な話がある。北風と太陽が、老人のコートを脱がせることができるのはどちらかという競争をした。北風はやっきになって吹いてコートを無理やり引きはがそうとしたが、老人は寒さのあまりコートを手で強く押さえた。しかし、太陽が暖かい日差しを降り注ぐと、老人は気持ちよくなってコートを脱いだ。

この話の教訓は、相手を脅しつけて力ずくで何かをさせようとするより、優しく親切に接したほうがはるかに効果的だということだ。

この人間関係の原則は、イソップが生きていた古代ギリシャだけでなく、私たちが暮らしている現代社会にも同じようにあてはまる。

116

相手にまず「イエス」と言わせる

人と話をするときは、意見が合わない点から話を始めてはいけない。自分が相手に賛同する点から話を始め、たえずそれについて強調しよう。できることなら、双方が同じ目的のために努力していて、その方法だけが相違していることを力説しよう。

相手が話の中で「イエス」と言えるように工夫し、なるべく「ノー」と言わせないように気をつける必要がある。

ニューヨーク市立大学の著名な心理学者ハリー・オーバーストリート教授はこう言っている。

相手は最初に「ノー」と言ってしまったことが軽率だったとあとで気づくかもしれない。だが、自分の大切なプライドを守るために一貫性を保とうとするので、途中で意見を変えづらい。したがって、あなたとしては、相手に「イエス」と言わせるように話を切り出すことがとても重要になってくる。

117
聞き手の反感を買っても何の得にもならない

上手な話し手は冒頭から聞き手の「イエス」という反応を引き出すのが実にうまい。そうやって聞き手の心理を肯定的な方向に向かわせるのだ。

もし聞き手が本気で「ノー」と言うと、それは単なる言葉の上での拒否にとどまらず、本人の全身の細胞が一致団結して話し手の提案を拒否する態勢になる。

だが、もし聞き手が「イエス」と言うと、全身の細胞が話し手を受け入れる態勢ができあがる。だから、冒頭で「イエス」という反応を多く引き出すことができれば、聞き手は話し手の提案をすんなり受け入れてくれる可能性が高くなる。

これはきわめてシンプルなテクニックだが、あまり活用されていない。

実際、自分の自尊心を満たすためにいきなり聞き手の反感を買うような言動をする人をよく見かける。しかし、相手を怒らせて何の得になるのだろうか。それで満足が得られるならそうすればいいが、それで何かを成し遂げることができると思っているなら、あまりにも愚かだと言わざるをえない。

118

相手が「イエス」と答える質問を何度もする

ギリシャの哲学者ソクラテスは、歴史を通じてごくわずかな人しかできないことを成し遂げた。彼は人類の思想史を大きく書き換え、死後二千三百年が経過した今でも賢者とたたえられている。

ソクラテスは相手の誤りを指摘しなかった。彼が駆使したテクニックは「ソクラテス式問答法」と呼ばれ、話の中で相手に何度も「イエス」と答えさせることをめざしていた。彼は相手が「イエス」と言いたくなる質問を次々とした。その結果、いつの間にか、相手はほんの数分前まで激しく抵抗していた結論を受け入れていた。

もし誰かと口論になって相手の誤りを指摘したかったら、ソクラテス式問答法を思い出し、相手が「イエス」と言いたくなる質問をしてみよう。

119

相手の話をさえぎらない

自分の考えを相手に受け入れさせようとして、ほとんどの人はひたすら話し続ける。特にセールスマンがそれをやらかしがちだが、彼らはその悪癖のために大損している。最後まで話をする機会を相手に与えよう。相手は自分のことについてあなたよりよく知っている。

意見が合わないと途中で相手の話をさえぎりたくなるかもしれないが、それをしてはいけない。相手は自分の考えをすべて言い尽くすまで、あなたの話を聞こうとしないからだ。そこで辛抱強く耳を傾け、気が済むまで相手に話をしてもらおう。

120

ひたすら聞くことの効果

大手自動車会社が部品の調達先を探していた。そこで三社の部品メーカーに対し、「代表者を当社に派遣してプレゼンテーションをしてほしい」と通知した。

しかし当日、そのうちの一社の営業担当者が急にのどの調子を悪くし、しゃべれなくなった。彼が紙に書いて事情を伝えると、自動車会社の社長は「では私が代わりに話をしよう」と言い、出席者たちの前で説明した。社長は代理としてサンプルを称賛し、営業担当者はひたすら笑みを浮かべて聞いていた。

後日、その営業担当者はこう語った。

「自動車会社の社長が自ら熱弁を振るってくれたおかげで、当社が受注できました。それは私にとって過去最大の契約になりました。実は、私はプレゼンで当社の製品を大々的にアピールするつもりでしたが、のどの不調で聞き役に回ることになり、それが結果的に大きな成果につながったのです。相手の話にじっくり耳を傾けると、営業成績が上がることがよくわかりました。もし私が話し続けていたら、受注できなかったと思います」

121

相手に勝ちをゆずる

フランスの哲学者ラ・ロシュフーコーは「敵をつくりたいなら、相手より優れていればいい。しかし、友人をつくりたいなら、勝ちをゆずったほうがいい」と言った。

これはいったいなぜなのか？

友人はあなたより優れていると自尊心を満たして「自分は重要な存在だ」と感じることができるが、あなたのほうが優れていると、彼らは劣等感を抱き、嫉妬と羨望に悩まされるからだ。

自慢をしない

ドイツの格言に「人間は他人の不幸に純粋な喜びを感じる」というのがある。平たく言うと、「他人の不幸は蜜の味」ということだ。

たしかに、一部の人は他人の幸福より不幸に満足を感じるのかもしれない。とすれば、功績を自慢するのは慎んで、できるだけ謙虚でいたほうがいいということだ。そうすれば、いつも人に喜んでもらえる。

アービン・コッブはそのすべを心得ていた。証言台に立ったとき、弁護士から「全米屈指の有名作家とお聞きしていますが、そのとおりですか?」と尋ねられ、「きっと実力以上に運がよかったのでしょう」と答えた。

私たちが謙虚であるべき理由は、わざわざ他人に吹聴するほどの偉業を達成したわけではないからだ。誰もがいずれこの世を去り、百年後には完全に忘れられてしまう。いい気になって自慢をしても、それを聞かされるのは退屈だ。ならば、話をする機会を相手に与えて、自分は聞き役に回ったほうがいいのではないだろうか。

123 考えを押しつけるのではなく、相手に考えさせる

人は誰かに考えを押しつけられるより、自分で思いついた考えを実行したがるものだ。だから、自分の考えを他人に押しつけるのは得策ではない。何かを提案して相手に考えさせるほうが賢明だ。

ある自動車会社の営業部長は自分への要望を部下の販売員たちに出させた。そして、その要望を黒板に書いてこう言った。

「私は皆さんの期待に応えられるよう最善を尽くします。次は、私が皆さんに何を期待したらいいか教えてください」

すると、忠誠心、正直さ、自発性、楽観主義、チームワーク、一日八時間熱心に働くこと、といった答えがすぐに返ってきた。一日十四時間働くと言う販売員までいた。

その後、販売員たちはすすんでそれを実行し、売上が飛躍的に伸びた。

意見を求められたことで、部下たちは働く意欲をかき立てられたのである。

124

相手に強制しない

他人に何かを強制されるのが好きな人はいない。誰でも自分の意思で行動していると感じたがるものだ。

あるファッションデザイナーは有力なバイヤーにスケッチを売り込もうとして何度も訪問したが、まったく買ってもらえなかった。百五十回の失敗の末、新たな方法を試すことにした。彼は数枚の未完成のスケッチを抱えてバイヤーのもとを訪ね、こう言った。

「お願いがあります。未完成のスケッチが何枚かありますが、どうすれば使いものになるか、教えていただけませんか？」

そのバイヤーはしばらくスケッチを見てから「これは預からせてもらいます。二、三日したら来てください」と言った。

デザイナーは三日後に再訪してバイヤーの提案を聞き、その意見に従ってスケッチを完成させた。すると、すべて採用されただけでなく、それ以来、バイヤーはスケッチを大量に発注してくれるようになった。

125 自分で考えさせる

のちに大統領となったセオドア・ルーズベルトがニューヨーク州の知事だったころ、重要ポストの決定に際して議会の有力者たちに候補者を推薦してもらうようにしていた。有力者たちは最初に、カネでなんでも言うとおりに動く人物を推薦した。するとルーズベルトは「それでは市民の理解が得られないので、そのような人物を任命するのは得策ではない」と言った。

すると彼らは、要求どおりに動いてくれる人物を推薦した。ルーズベルトは「そのような人物は公益に寄与しないので、もっとふさわしい人物を見つけてほしい」と依頼した。

このようにして、彼らは四度目でやっと有能な人物を推薦した。ルーズベルトは有力者たちに感謝し、適切な人材を確保できたことを彼らの手柄にした。

その後、ルーズベルトが法案を提出すると、本来なら有力者たちが反対するような改革案でも支持が得られた。そのおかげで彼は知事として大きな功績をあげることができた。

126

相手に決めさせる

ある自動車ディーラーは、中古車を買いに来た夫婦に次々と車を見せたが、成約にいたらなかった。

数日後、ある顧客が古い車を下取りに出したとき、この車がこの夫婦に合うと考えたディーラーは、夫に電話してこう言った。

「ちょっとアドバイスをいただきたいのですが、ご足労いただけませんか？」

夫が店に来ると、ディーラーは「あなたは自動車の価値をわかっていらっしゃいます。この車を運転してみて、いくらで引き取るべきか教えていただけませんか？」と言った。

夫は喜んで引き受け、その車で周辺をしばらく運転すると「三百ドルなら掘り出し物ですね」と言った。

「もしその値段で販売したなら、お買いになりますか？」

「三百ドルで？　もちろんです」

これは本人による評価だったから、取引は即決だった。

127

自分で考えついたと思わせる

ウィルソン大統領の側近にエドワード・ハウス大佐という人物がいた。彼はどのようにして大統領の信頼を得て影響力を行使したのだろうか?

当初、彼は大統領の承認を得られそうにない政策を提案したところ、数日後に大統領が彼の提案を自分で思いついたかのように話すのを聞いて驚いた。

だが、彼は「それは私の考えです」とは言わなかった。名よりも実をとり、その後も自分の考えをさりげなく大統領に提案し、それを大統領自身の考えにさせるようにしたのである。

私たちが出会う人は皆、心理的にはウィルソン大統領と同じだ。だからハウス大佐のやり方を取り入れてみよう。功績は相手にゆずればいい。

128

相手を非難するのではなく理解する

相手が完全に間違っていても、頭ごなしに相手を非難してはいけない。非難するのは、どんな愚か者でもできる。

相手を非難するのではなく理解しよう。それができるのは、賢明で寛大で優秀な人間だけだ。

相手が何らかの行動をとった理由を見きわめよう。たぶん隠れた理由があるはずだ。誠実な気持ちで相手の立場に立ち、「自分ならどんなふうに感じて反応するか？」と自問しよう。そうすれば、膨大な時間を節約し、イライラを解消することができる。なぜなら、相手の立場に立てば、それまで見えていなかったことが見えてくるからだ。しかも、人間関係の原則に熟達することもできる。

129

脅すのではなく穏やかに話す

私は近所の公園で火災がよく発生するので困っていた。立て札には「火災を起こした者には罰金刑を科す」と書かれていたが、若者たちはそれを無視してバーベキューをしていた。そこで私はそういう若者を見かけると、「火を消しなさい。さもなければ、警察に通報するぞ」と脅した。彼らは聞き入れたが、ふてくされた表情を見せた。

しばらくして、私は正しいことをしているようで間違ったことをしていたことに気づいた。自分の怒りをぶちまけているだけで、相手の立場から物事を見ていなかったからだ。そこで、バーベキューをしている若者を見つけたら、こう言うようにした。

「楽しそうだね。私もバーベキューは大好きだよ。でも、公園でのバーベキューは危険だから、気をつけてほしい。君たちに命令するつもりはないが、立ち去るときは火を完全に消してね。また、次からは別の場所でバーベキューをしたほうが安全だから、よろしく頼む」

その結果、若者たちは喜んで協力してくれた。相手を脅して従わせるのではなく、相手の体面を保つように配慮すれば、お互いに気持ちよく過ごすことができる。

130

共感を示す

口論が収まり、悪い感情を取り除き、善意が生まれ、相手が注意深く聞くようになるにはどうすればいいか？

その魔法の言葉がこれだ。

「あなたがそう感じるのは当然のことです。私もあなたの立場なら同じように感じると思います」

こんなふうに言われると、どんなに頑固な人でも態度をやわらげる。自分が相手の立場なら同じ気持ちになると言っているので、共感していることが伝わるからだ。

あなたが出会う人たちのうち四人に三人は、共感に飢えている。だから共感を示せば、たぶん誰からも好かれる。

131 相手の倫理観に訴える その❶

人は皆、本質的に理想主義者であり、自分の行動にもっともな理由をつけたいと思っている。だから、相手を動かすには倫理観に訴えるやり方が有効だ。

ある不動産業者は、所有する物件の入居者から、賃貸契約を四か月残して退去したいという通知を受け取った。次の入居者を見つけるのが難しい時期だったので、彼は腹が立ったが、不満をぶちまけるのではなく、その入居者にこう言った。

「お話は伺いましたが、あなたが本当に引っ越すつもりだとは思えません。私は人を見る目がありますので、あなたは約束を破る人ではないとお見受けします。そこで提案ですが、翌月までじっくりお考えください。それでも引っ越しをされたいのでしたら、私も受け入れましょう。残った家賃を免除して、自分の判断が間違っていたとあきらめます。しかし、あなたは誠実な人ですから、きっと契約を守っていただけると信じています」

その後、この入居者は翌月の家賃を支払いに来た。夫婦で話し合ったところ、契約を守ることが最も大切だという結論にいたったという。

132
相手の倫理観に訴える　その❷

ある政治家は、公表したくない自分の写真が新聞に載っているのを見つけ、「今後、その写真は掲載しないでください。母がとても悲しみますので」という手紙を書いて新聞社に送った。

その政治家は、誰もが母親に対して持つ愛情に訴えたのである。

また、ある実業家が新聞社のカメラマンに自分の子供の写真撮影をやめさせようとしたときも、「子供の写真を撮るな」とは言わなかった。子供を傷つけたくないという誰もが持つ心情に訴え、「お子さんがいらっしゃる方ならご存じのように、世間の注目を浴びるのは子供にとってよくないと思います」と言ったのだ。

もちろん、このやり方はあらゆる状況でうまくいくわけではないし、あらゆる人間に効果があるわけでもない。しかし、試してみる価値はあるだろう。

133 競争心を刺激する

偉大な実業家のチャールズ・シュワッブは業績不振で困っている工場長に「あなたのような優秀な管理職がいるのに、なぜ従業員はノルマを達成しないのか？」と尋ねると、工場長は「わかりません。いくら叱っても効果がないのです」と答えた。

そこでシュワッブは昼勤の従業員たちに「今日の熱処理の回数は何回だったか？」と尋ねると、「六回」という答えが返ってきたので、黒板にチョークで「6」と大きく書いた。夜勤の従業員たちはそれを知って競争心を刺激された。

翌朝、シュワッブが夜勤の従業員たちに同じ質問をしたところ、「七回」という答えが返ってきたので、黒板に「7」と大きく書いた。それを見た昼勤の従業員たちは競争心を刺激されて生産性を上げ、黒板に「10」と大きく書いた。こうして工場全体の生産性は飛躍的に上がった。

シュワッブは「生産性を上げるためには、賃金を増やすより従業員の競争心を刺激して他人よりも秀でていたいという願望に火をつけることが大切だ」と言っている。

134 叱咤激励する

もし叱咤激励されなかったら、セオドア・ルーズベルトは大統領にのぼりつめなかっただろう。彼は米西戦争で騎兵隊の隊員として活躍し、キューバから帰国後にニューヨーク州の知事に選出されたが、反対派の人たちに「ニューヨークの住人ではない」と難癖をつけられて弱腰になり、辞任を考えた。

しかし、上院の大物と呼ばれたトーマス・プラット議員から「こんなことで引き下がるとは、米西戦争の英雄は臆病者か」と言われ、勇気を奮い立たせた。叱咤激励されたことで彼は自分の人生を変えただけでなく、アメリカという国家の歴史にも大きな影響を与えたのである。

135 難題を持ちかけて意欲をかき立てる

ニューヨーク州のアル・スミス知事は、悪名高いシンシン刑務所の所長が決まらなくて困っていた。知事は別の刑務所の所長をしていたルイス・ローズという人物を呼び出して、「シンシン刑務所の運営を引き受けてほしい。経験豊かな人材が必要なのだ」と言った。

ローズはためらった。シンシン刑務所は全米屈指の危険な場所で、所長が頻繁に入れ替わっていたからだ。今後のキャリアを考えるとリスクは負いたくない。

知事はほほ笑んで言った。

「君が怖いと言うのなら仕方がない。あそこは非常に危ない場所だから、相当な手腕の持ち主でないと務まらないと思う」

知事はこの人物に挑戦をほのめかしたのだ。ローズは「相当な手腕の持ち主」と呼ばれるために挑戦してみたくなった。こうして彼はシンシン刑務所の所長に就任し、功績をあげた。

難題を持ちかけて意欲をかき立てるのは、勇敢な人間には確実に効果がある。

136

何かに挑戦する機会を与える

大手タイヤ会社ファイアストンの創業者ハーヴィー・ファイアストンは、「私の知るかぎり、優秀な人材を集めて引き留めるには相応の給料を支払うだけでなく、何かに挑戦する機会を与える必要がある」と言った。

向上心のある人は皆、何かに挑戦する機会を求めている。言い換えると、自己表現の機会であり、自分の存在価値を証明する機会である。仕事で何かに挑戦する機会が与えられると、人々はわくわくして成果をあげるようになる。

ちなみに、どの地域でも音楽や絵画のコンクールや各種のスポーツ大会が頻繁に開催されているのは、何かに挑戦する機会を人々に与え、自分が価値のある存在なのだと感じさせるためである。

4　反感を抱かせずに相手を変える方法

137 不愉快なことを伝える前に称賛する

人々は称賛してもらったあとなら不愉快な指摘にも耳を傾ける。

のちに大統領になった共和党のウィリアム・マッキンリーは、ある党員が書いた演説の原稿の出来がよくないことを伝えなければならなかった。だが、党員の気持ちを傷つけたくないし、せっかくの熱意に水を差したくない。

そこでマッキンリーはこう言った。

「立派で素晴らしい原稿だ。これ以上の原稿を書くことは誰にもできない。この演説にふさわしい場面はたくさんあるが、今度の場面では完全にふさわしいとは言えないかもしれない。君の立場なら正しいだろうが、私は党の立場からも影響を考えなくてはならないからね。今から私が示す方向に沿って原稿を少し修正してくれないか」

その党員は気分を害するどころか、喜んでマッキンリーの指示に従った。

138
一瞬で相手の心をつかむ方法

実業家のチャールズ・シュワッブが昼休みに製鋼所の中を巡回していると、「禁煙」と書かれた標識のすぐそばで数人の従業員がタバコを吸っているのを見つけた。

シュワッブはその標識を指して「君たちは字が読めないのか」と怒鳴りつけただろうか？

いや、そんなことはしなかった。その従業員たちに歩み寄って葉巻を一本ずつ差し出し、「これを吸うときは外で頼むよ」と言ったのである。

従業員たちは規則違反が経営者にばれたことに後ろめたさを感じていた。しかし、シュワッブはそれについては一言もふれず、とっさに気のきいたプレゼントを贈って、彼らを重要な存在とみなしていることをさりげなく伝えたのである。従業員たちはシュワッブに惚れ込んだ。こういう粋な計らいをする優しい人物を敬愛せずにいられるだろうか。

139

相手に注意するときは、まず自分の過去のミスを告白する

数年前、姪のジョセフィーンがニューヨークにやってきて、私の秘書として働きたいと言った。高校を卒業してまだ二、三年しか経っておらず、実務経験はほとんどなかった。現在では彼女は素晴らしい秘書だが、当時は初心者だった。

ある日、私は彼女のミスを指摘しそうになったが、「ちょっと待て。今の自分は経験豊富だが、二十歳前後のころはどうだったか振り返ってみよう。恥ずかしい失敗をいっぱいしたではないか」と心の中で思った。

その結果、彼女のほうが当時の私よりもよっぽど優秀だという結論にいたった。それ以来、彼女の間違いを指摘するときは、こんなふうに言うことにした。

「君はミスをしたけれど、若いころの私はもっとひどいミスをいっぱいした。だから私には君を叱る資格がないが、こんなふうにしたほうがいいと思わないか？」

相手を注意するときは、まず自分の過去のミスを告白して「自分は完璧な人間ではない」と謙虚に認めたほうが、相手はあなたの指摘を聞き入れやすくなる。

140

命令ではなく提案する

先日、伝記作家のアイダ・ターベル女史と対談したとき、人とうまくやっていくことについて話し合った。彼女は実業家、法律家、外交官として名高いオーウェン・ヤングの伝記を書いていたとき、彼と三年間いっしょに仕事をした人物にインタビューをした。

その人物によると、ヤングは人に命令したことが一度もなく、いつも提案するような言い方をしていたという。つまり、「こうしろ、ああしろ」とか「これをするな、あれをするな」と命令するのではなく、「こんなふうにしたらどうだろうか」とか「これならうまくいくかもしれない」と提案したというのだ。

自分が口述した手紙については「どう思う?」と秘書に質問し、秘書が書いた手紙については「こうすればもっとよくなるように思う」と提案した。彼は秘書に命令せずに、自分で考える機会を与え、間違いから学ばせるようにしたのである。

このやり方なら相手はプライドを傷つけられず、自尊心を満たしてもらえるから、反抗せずに協力したくなる。

141

相手に恥をかかせない

相手に恥をかかせてはいけない。それについては、いくら強調してもしすぎることはない。にもかかわらず、それについて考える人がいかに少ないことだろうか。

私たちは自分の思いどおりに事を運ぼうとして、相手のプライドを傷つけていることに気づかず、平気で小言を言い、厳しい言葉で脅し、子供や部下を人前で叱りつけることがよくある。

だが、相手の立場をほんの少しでも考えれば、そんなことはけっしてしないはずだ。どんなときでも相手の顔をつぶさないように配慮する必要がある。

142

相手の体面を保つ工夫をする

数年前、ゼネラル・エレクトリック（GE）は、ある人物を管理職から外すという困難な課題に直面していた。彼は電気に関しては天才的な手腕を発揮したが、業務部長としては無能だったのだ。しかし、経営陣としては功労者に恥をかかせるわけにはいかない。彼は会社にとって不可欠な存在であると同時に、非常に傷つきやすい性格だった。

そこで、経営陣は彼に「顧問技師」という新しい肩書を与えることにした。といっても、それはすでに彼がしていた仕事だったが、そうやって業務部長を適任者に引き継がせた。

彼は大いに満足した。

経営陣も大いに満足した。功労者の体面を保つことによって会社を円滑に運営することができたからだ。

143
打ち負かした相手の体面を保つ

本当の大人物は自分の勝利を喜ぶだけではなく、相手の体面を保つことを忘れない。具体的に説明しよう。

一九二二年、数世紀にわたる激しい対立の末、トルコ軍は自国の領土からギリシャ軍を追い出して勝利宣言をした。ギリシャの将軍が投降したとき、トルコの民衆は宿敵に天罰が下るよう叫んだ。

だが、トルコのムスタファ・ケマル将軍（のちのトルコ共和国初代大統領）はそういう態度をとらなかった。彼はギリシャの将軍を気づかい、「さぞお疲れでしょう。偉大な人物でも戦争では時おり負けてしまうものです」と言ったのである。

ケマル将軍は宿敵に対して完全勝利を収めたときですら、敗軍の将を気づかい、相手の体面を保つことを忘れなかったのだ。

144

人前で叱らない

あまりにも多くの人が人前で部下や子供、配偶者を平気で叱っているが、これはけっして好ましい行為ではない。誰かが見ている前で叱られると、大人であれ子供であれ、体面を保てなくなるからだ。相手は恥をかかされて面目が丸つぶれになり、あなたに反感を抱いて自分を正当化しようとするだろう。

叱るときは一対一でするように配慮すれば、相手は体面を保つことができる。だから、あとは言い方さえ気をつければ、あなたの言うことを素直に聞き入れてくれる。相手の協力を得る必要があるときこそ、人間関係の原則に忠実でなければならない。

145

相手が少しでも進歩したら褒める

友人のピート・バーロウ氏はサーカスの旅芸人である。私は彼が犬の調教をしているのを見物するのが大好きだ。芸を教えて犬が少しでも進歩を遂げると、彼は嬉しそうに犬を撫でながら「よくできた」と褒め、餌を与えるのである。

これはけっして目新しいテクニックではない。動物の調教をする人は昔からこのテクニックを使ってきた。

それなら、なぜ人間にも同じテクニックを使わないのだろうか。なぜムチではなくアメを使わないのか。なぜ叱るのではなく褒めないのか。

相手が少しでもよくできたら、それを褒めよう。相手は気分をよくして、さらに進歩を遂げようとするはずだ。

146

褒め言葉の驚異的な力

歴史に名を残す偉人たちは必ずと言っていいほど、無名時代に誰かに褒めてもらった経験を持っている。

褒めてくれたのは親や兄弟かもしれないし、友人や知人、上司、教師、あるいは見知らぬ人かもしれない。いずれにせよ、彼らは誰かに褒めてもらったのをきっかけにして、それまで失っていた自信を取り戻し、より一層の努力をして功績をあげたのである。

あなたの周りに、何かがうまくいかずに落ち込んでいる人はいないだろうか。そういう人を褒めて励まそう。褒め言葉には人を伸ばす驚異的な力がある。

147

叱るのではなく褒めて伸ばす

凶悪犯を集めたニューヨークのシンシン刑務所のルイス・ローズ所長は、ほんの少しの進歩でも囚人を褒めると成果があがることを発見した。

彼は私への手紙の中でこう書いている。

「囚人たちの努力を適切に評価し、それを上手に褒めることによって、厳しく叱るよりもずっと効果的に彼らの協力を得て更生につなげられることがわかった」

私は刑務所に入ったことは一度もないし、今後もないと思うが、過去を振り返ると、褒めてもらったことがきっかけで人生が開けたように感じる。あなたの人生についても同じことが言えるのではないだろうか。

148

とにかく褒める

褒めたら相手が調子に乗って頑張らなくなるという理由で褒めようとしない人があまりにも多い。彼らは、部下、従業員、配偶者、子供、学生のどれであれ、叱ったほうがより一層の努力をすると思い込んでいる。なんという致命的な勘違いだろうか。人々は叱られると反感を抱いてやる気をなくしてしまう。人間とは本質的にそういうものなのだ。

あなたはどうだろうか？

褒められたら気分をよくしてもっと努力をしたくなるか、叱られたほうがより一層の努力をしたくなるか？

あなたが人生で出会う人は皆、論理の生き物ではなく感情の生き物である。だから、たとえあなたの理屈が正しくても、相手は叱られると気分を害してしまい、喜んで努力をしようとしなくなる。どんな立場の人に接するときも、それを肝に銘じよう。

149

母親に励まされて大歌手になった人物

かつて十歳の少年がイタリアのナポリの工場で働いていた。偉大な歌手になって貧困から抜け出したかったが、最初の教師に「君は歌が下手だ。声が出ていないし、聴くに堪えない」とけなされ、すっかり自信を失った。

だが、少年は帰宅して母親に抱き締められながら「きっと素晴らしい歌手になれるわよ」と励まされ、自信を取り戻した。母親には息子が着実に進歩を遂げているのが見えていたのだ。少年は母親のわずかな収入から授業料を払ってもらい、別の教師のもとで歌の練習を続けた。

少年は母親の励ましのおかげで人生を切り開き、やがてオペラ史上最も有名なテノール歌手になった。彼の名はエンリコ・カルーソーである。

150

褒められて国民的作家になった人物

かつてロンドンで作家をめざしていた若者がいた。だが、彼の境遇は八方ふさがりだった。学校教育は四年間しか受けていなかったし、父親は借金を払えずに刑務所に入れられていた。おまけに、いつも空腹の辛さに耐えなければならなかった。

ようやく倉庫で作業をする仕事を得たが、労働環境は劣悪だった。夜は他の二人の少年といっしょに貧民街の屋根裏部屋で寝た。

自分の才能に自信がなかったので、誰にも笑われないように夜中に抜け出して作品を投函した。どの作品も却下されたが、ようやくひとつの作品が出版された。原稿料はもらえなかったが、一人の編集者が才能を褒めてくれた。彼はついに認められたことに感動し、涙を流しながら町中をあてもなくさまよい歩いた。

ひとつの作品が出版されたことがきっかけで、彼の人生は大きく変わった。もしその編集者に褒められなかったら、ずっと倉庫で働いて無名のまま生涯を終えていたかもしれない。彼の名はチャールズ・ディケンズ、言わずと知れたイギリスの国民的作家である。

151 褒められて絶望から立ち直り、大作家になった青年

ロンドンの乾物屋で店員として働いていた青年がいた。毎日、朝五時に起きて店内を掃除し、一日に十四時間働かなければならなかった。あまりの重労働のために、仕事がいやだった。

二年後、青年はついに我慢できなくなり、遠方で家政婦として働いていた母親に歩いて会いに行き、泣きながら「こんな仕事を続けるくらいなら死んだほうがましだ」と言った。さらに、母校の校長先生に長文の手紙を書き、絶望のあまり生きる勇気を失っていることを伝えた。すると、校長先生は彼の文章力を高く評価し、教師として採用してくれた。

青年は校長先生に褒めてもらって、生きる勇気を取り戻した。その後、彼は作家に転身し、『タイム・マシン』や『宇宙戦争』などの人気ＳＦ小説を次々と発表して巨万の富を築いた。彼の名はＨ・Ｇ・ウェルズである。

152

人を変える魔法の力

人を変えることについて話をしよう。もし秘められた才能に気づかせることができれば、文字どおり人を変身させることができる。

これはけっして大げさな表現ではない。ハーバード大学の教授を務めた偉大な心理学者ウィリアム・ジェームズの名言を紹介しよう。

「私たちは本来あるべき状態と比べると、半分しか目覚めていない。人間はふだん使っていない多種多様な力を秘めているが、自分の限界よりもずっと狭い範囲で生きている」

まさにそのとおりだ。あなたはふだん使っていない多種多様な力を秘めている。そのひとつが、人を褒めて奮い立たせ、自分の可能性に気づかせる魔法の力だ。

反感を抱かせずに人を変えるために、どんなにわずかな進歩でも、心を込めて惜しみなく人を褒めよう。相手は気分をよくして、より一層の努力をするに違いない。

153 相手に期待を寄せる

人を何らかの点で向上させたいなら、相手がその特定の資質をすでに持っているかのように接すればいい。

あなたが期待している資質を本人がすでに持っていることを指摘すれば、相手はあなたを失望させたくないので、期待に応えるために精いっぱい努力する。

ボールドウィン機関車製造会社のサミュエル・ボークレーン社長は、リーダーシップの秘訣についてこう言っている。

「尊敬している人から自分の何らかの能力を高く評価してもらうと、ほとんどの人は嬉しくなって期待に応えようとする」

154 相手が正直だと信じる

「あなたは正直者だ」と言われると、どんな人でも自分の信用を落とすまいと努力する。詐欺師ですら例外ではない。

シンシン刑務所のルイス・ローズ所長はこう言っている。断っておくが、刑務所の所長が本気でこう言っているのである。

「もし詐欺師と取引をしなければならないなら、相手より優位に立つ方法はひとつしか考えられない。それは相手が正直者であるかのように接することだ。相手は信用してもらっていることを光栄に思い、期待に応えようとするだろう」

155
相手に肩書と権威を与える

大手印刷会社のJ・A・ウォント社長は、反感を買わずに機械工の態度を変える必要性に迫られていた。機械工は「労働時間が長くて仕事量が多い」と不平を言ったが、社長は労働条件を変えるのではなく「サービス部門長」という肩書を与えた。機械工は威厳のある肩書に満足して不平を言わなくなった。

子供だましだと言われれば、そうかもしれない。実際、かのナポレオンがレジオンドヌール勲章を制定し、それを兵士たちに千五百個も配り、十八人の将軍を「フランス軍元帥」に任命したときも、人々は「子供だましだ」と批判した。

特に、フランスで最高位の勲章を千五百個も大盤振る舞いしたことについては、「命がけで戦う兵士たちにそんな子供だましのようなことをしてどうするつもりだ」と批判されたが、ナポレオンは「男たちは子供だましに夢中になる」と答えた。

人々に肩書と権威を与えるやり方は、兵士や軍人だけでなく一般人にも功を奏する。

156

不良少年を更生させる方法

ある女性は自宅前の芝生を不良少年たちが荒らすので困っていた。叱ったり説教したりしたが、効果がなかった。そこで、彼らの中で最も悪い少年に肩書を与えて権威を持たせることにした。そして、その少年を「おまわりさん」と呼び、芝生に不法侵入する者を取り締まる係にしたところ、問題はたちまち解決した。

その教訓は明らかだろう。相手に肩書を与えて、要望に喜んで従うように仕向けるのだ。これが人間の本質に合致する効果的なやり方である。

157 好印象を与える秘訣

最近、ある新聞に「優れた能力と豊富な経験を持つ人材を探している」という求人広告が掲載された。チャールズ・キュベリスという人物が応募したところ、「数日後に面接に来るように」という返事があった。そこで、彼は事前にその社長について調べ、面接で「これほどの経歴の持ち主の下で働かせていただけるなら光栄です。二十八年前に創業されたときは事務員とたった二人だったとお伺いしております」と言った。

ほとんどの成功者は若いころの苦労話を人前で披露するのが好きだ。この社長も例外ではなく、わずかな資金と独創的なアイデアで創業したことを振り返り、度重なる落胆と世間の嘲笑を乗り越え、土日も祝日も関係なく、毎日十二時間から十六時間働いて、ついに業界で一目置かれる存在になったことを誇らしげに語った。そして、最後にキュベリス氏の経歴について少し質問し、「よし、この人物を採用しよう」と副社長に告げた。

キュベリス氏は事前に社長の功績について調べ、相手に興味を持っていることを示した。そして、面接で社長の話をずっと聞いて好印象を与えたのである。

158

人の上に立つということ

老子は紀元前五世紀に生きた中国の賢者だが、謙虚さの重要性を説く彼の英知は、今でも役立てることができるかもしれない。

川や海に無数の渓流が注ぎ込んでくるのは、渓流よりも身を低くしているからだ。だからこそ、川や海は無数の渓流に君臨できるのである。それと同様に、人の上に立とうとするなら、賢者は人の下に身を置かなければならない。賢者は人の上に立っているが、誰もその重みを感じないので、それを不当だとは思わない。

5

敵を味方に変える方法

159
賛辞を巧みに伝える

若き日のベンジャミン・フランクリンは州議会の書記に選出されることを望んでいたが、議会で有力な人物がフランクリンをひどく嫌っていた。

フランクリンはその人に好かれる必要があった。では、そのために彼は何をしたか？

相手に媚びを売ったのではない。そんなことをしたら怪しまれるだけである。

フランクリンはその人に頼みごとをしたのだ。

その人が非常に珍しい本を持っていることを知り、「ぜひその本を読みたいので、数日間お借りしたい」という手紙を書いたのである。

すぐに本が送られてきたので、フランクリンは一週間後に丁寧な礼状を添えて本を返却した。その後、議事堂でその人が初めて話しかけてきたとき、親愛の情にあふれていた。それ以来、その人は何かあればいつでもフランクリンを助けてくれるようになった。

フランクリンは相手の素晴らしい蔵書に対する賛辞を伝えて虚栄心をくすぐり、上手に喜ばせたのである。そのやり方が功を奏して、彼は敵を味方に変えることができた。

160

敵を味方に変える魔法

エルバート・ハバードは独創的な作家だったが、辛らつな文章を書いて物議をかもすことがよくあった。だが、彼は人を扱うすべを心得ていて、敵を味方に変える達人だった。例えば、ある読者が彼の主張に腹を立てて抗議の手紙を書いた。それには、どこそこの箇所には賛同できない、あなたはとんでもないことを書いている、などと書かれていた。それに対する彼の返事を紹介しよう。

たしかにそう言われてみれば、私も自分の主張に完全に納得しているわけではありません。貴殿が私の文章に対して抱かれた感想を知ることができて、とても嬉しく思います。近所にお立ち寄りの際にはぜひ私の自宅を訪ねていただき、このテーマについてじっくり話し合いましょう。

抗議した相手にこんなふうに言われたら、あなたはどう言い返すだろうか？

6 円満な家庭生活を送る方法

161

お互いを褒める

イギリスの政治家ディズレーリは三十五歳のときに十五歳も年上の資産家の未亡人メアリーと結婚した。当時、彼は事業や投機の失敗で破産していたので、世間では財産目当てと見られたが、二人の結婚生活は周囲の予想に反して大成功を収めた。

メアリーは無学だったが、夫の操縦術を心得ていた。三十年間ずっと夫を褒め続けたのだ。ディズレーリが疲れて帰宅すると、メアリーは話し相手になって夫を癒やした。メアリーが失敗しても、ディズレーリは一言もとがめず、妻を自分の人生で最も大切な存在として扱った。誰かがメアリーを批判すると、彼は全力で妻を擁護した。

ディズレーリは「妻のおかげで退屈したことがない」と人前で話し、メアリーは「夫がいつも優しくしてくれるので、私は幸せな人生を送っている」と友人に語った。

ディズレーリは終生、自分よりメアリーを優先するように心がけた。彼は首相にのぼりつめるとヴィクトリア女王を説得して妻を貴族に叙してもらったが、自分が貴族に叙せられたのは妻が死んでからだった。

162

結婚生活で成功する秘訣

結婚生活で成功するためには、素晴らしい人を見つけるだけでなく、自分が素晴らしい人にならなければならない。

163
結婚生活は友好親善の場だ

最近、新聞に興味深い記事が載っていた。それによると、結婚式場で新郎をかたわらに呼んで次のように言い聞かせるべきだという。

結婚前に恋人を褒めるのは男性の自由だが、結婚後に妻を褒めるのは夫の義務である。結婚生活は率直に意見を言い合う機会ではなく、お互いを思いやる機会だ。つまり、結婚生活は友好親善の場なのである。

毎日を楽しく過ごしたいなら、妻を自分の母親と比較して家事に難癖をつけてはいけない。妻の家事にいつも感謝の気持ちを述べ、魅力的な女性と結婚できたことを祝福すべきである。

164

家族に称賛の言葉をかける

称賛の言葉は素晴らしい力を持っている。あなたもぜひ称賛の言葉を口にすべきだ。まず家庭で試してみたらどうだろうか。称賛の言葉が家庭よりも必要とされている場所はあるまい。しかし、ほとんどの家庭では称賛の言葉がめったに聞かれないのが実情だ。

あなたの奥さんには長所があるに違いない。少なくとも、あなたはかつてその長所に惚れていた。そうでなければ、結婚しなかったはずだ。

あなたが奥さんの魅力を称賛しなくなってどれくらいの時間が経過しているだろうか？　数か月か？　数年か？　あるいは数十年か？

ただし、いきなり奥さんに称賛の言葉をかけるのはおすすめできない。そんなことをしたら、たぶん怪しまれるだけだ。

今晩か明晩、奥さんに花かお菓子を渡し、優しい笑顔を見せながら温かい言葉をかけよう。もっと多くの夫婦がそれを実行すれば、離婚件数は激減するのではないだろうか。

165

妻の手料理を称賛する

帝政ロシアの時代には、上流階級は素晴らしい夕食のあとで料理人をダイニングルームに呼んで称賛する習わしがあった。

あなたも家庭で妻の手料理を称賛する習慣を身につけたらどうだろうか。何も言わずにもくもくと食べるのではなく、少しでもおいしいと思ったら、惜しみなく称賛するのだ。

これこそが食事のマナーであり、夫婦円満の秘訣である。

166
女性の服装を称賛する

自分の服装に無頓着な男性は少なくないが、女性はいつも自分を美しく着飾ろうとする。男性は女性のそういう努力を大いに称賛すべきだ。

女性は終生、自分の服装に強い関心を抱くが、男性はそれを忘れがちである。数年前、祖母が九十八歳で亡くなった。晩年、祖母は自分が写っている三十年以上前の写真を家族から差し出された。しかし、目が悪くてよく見えなかったので、自分がその写真の中でどんな服装をしているか教えてほしいと言った。

寝たきりになった百歳近くの老女が、三十年以上も前の自分の服装を気にかけているのだ。私はその様子をそばで見ていて強い衝撃を受けた。今でも当時のことが忘れられない。

167

妻に花を贈る

太古の昔から花は愛の言葉とされてきた。お金はたいしてかからないから、気軽に近所の花屋に立ち寄り、花を買って家に持ち帰ろう。特別な機会まで待つ必要はない。

なぜ多くの夫は妻に花を贈らないのだろうか。明日の夜、バラの花を贈ってみよう。想像もつかないほど素晴らしい展開になること請け合いである。

女性は誕生日や記念日を大切にする。その理由は永遠の謎だが、男性はそれらの日付をけっして忘れてはいけない。

168
結婚生活は小さなことの連続

約四万件の離婚訴訟を扱い、二千組あまりを和解させた判事はこう語る。

「夫婦の不和の原因の多くはささいなことだ。朝、夫が仕事に出かけるときに、妻がいってらっしゃいと手を振るだけで何件もの離婚を防ぐことができる」

これは女性だけの問題ではない。あまりにも多くの男性が小さな心づかいの大切さを軽視している。

結婚生活は長い目で見れば、ささいなことの連続だ。この事実を見落とすと、夫婦にとって結婚生活は悩みの種になる。

169

配偶者にも礼儀を忘れない

無礼な態度は人間関係を破壊する。それについては誰もがよく知っているとおりだ。しかし残念ながら、私たちは他人に対しては礼儀正しく振る舞うのに、配偶者に対しては礼儀を忘れがちである。

例えば、親友が以前と同じ話をしても、「また、その話か。もう聞いたよ」とは言わないはずだが、私たちは配偶者をささいなことでなじりがちである。

作家のオリバー・ウェンデル・ホームズは『朝食テーブルの独裁者』という珠玉のエッセー集を書いているが、家庭ではけっして独裁者ではなかった。落ち込んだときでも、それを配偶者に隠すだけの思いやりを持っていた。精神的苦痛に耐えるのは自分だけで十分だと考え、配偶者に負担をかけないように気づかったのである。

だが、大多数の人はどうだろうか。売上が伸びなかったり、上司に叱られたりすると、帰宅したとたんに配偶者に不満をぶちまける人があまりにも多いのが現状だ。

170

結婚生活における礼儀

聖職者ヘンリー・クレイによると、礼儀とは、壊れた門扉を見ずに、その門扉の向こう側に咲いている花に注目する心づかいのことだという。

こういう礼儀は結婚生活の潤滑油として役立つ。

171

幸せな結婚生活は偶然の産物ではない

オリバー・バターフィールド牧師は十八年間にわたって聖職者を務めたあと、家庭相談所の所長になった。彼は長年の経験をもとにこう言っている。

「離婚にはいたっていないものの、家庭内別居に陥っている夫婦があまりにも多い。彼らはまるで生き地獄の中で暮らしているようだ。幸せな結婚生活が偶然の産物であることはめったになく、綿密に計画しなければならない。ただし、結婚生活についてなんでも遠慮なく話し合うよりも、相手を思いやって遠慮するだけの気づかいが必要である」

172

相手を思いやる

結婚生活がささいなことの積み重ねだという事実を、詩人エドナ・ミレイはたった二行で簡潔に表現している。

愛が消えることがつらいのではない。
ささいなことで愛が消えてしまうのがつらいのだ。

この詩は肝に銘じる価値がある。

今や数分に一組の夫婦が離婚する時代だ。その中で本当の悲劇に見舞われて離婚にいたった夫婦はどれくらいだろうか。おそらくごくわずかであろう。

離婚を申請する男女の言い分に耳を傾けたなら、ミレイが言うように「ささいなことで愛が消えてしまう」ことがよくわかるに違いない。

173 今この瞬間を大切にする

「今この瞬間は一回きりであり、二度とやってこない。だから、配偶者には常にできるかぎり優しくしよう。それを先延ばしにしたり怠ったりせず、今すぐにそれを実行すべきだ。再びこの瞬間を体験することはできないのだから」

この標語を紙に書いて壁に貼っておくといい。幸せな夫婦生活を送るためには、ささいなことに気をつける必要がある。

174

相手の気持ちに配慮する

私たちは相手の気持ちにあまりにも無頓着である。多くの男性は顧客や友人を激しい口調で叱りつけないはずだが、妻に対しては暴言を吐いてもなんとも思わない。

しかし、男性が幸せな人生を送るためには、仕事より結婚生活を気にかけるほうがはるかに重要なのだ。

175

結婚後も礼儀を忘れない

世界的な指揮者として知られるウォルター・ダムロッシュは、国務長官を務めた大物の政治家ジェームズ・ブレインの愛娘マーガレットと結婚し、人もうらやむほどの幸せな生活を末永く送った。

その秘訣は何だったのか？

マーガレット夫人はこう語る。

「相手を慎重に選ぶことが最も大切ですが、その次に大切なのは、結婚後も礼儀を忘れないことだと思います。妻は夫に対していつも礼儀正しく振る舞うべきです。がみがみ言う女性からは、どんな男性も逃げ出してしまうでしょう」

これは女性だけでなく男性にとっても肝に銘じるべき重要な指摘だろう。

配偶者がたえずがみがみ言うと、愛は壊れてしまう。そんなことぐらい誰でも心得ているはずだが、私たちは知らない人には礼儀正しく振る舞うのに、配偶者には礼儀を忘れがちである。

176

配偶者に心を込めて感謝の言葉を述べる

先日、有名なコメディアンのエディー・カンターがインタビューでこう語っていた。

「私が今日あるのは、誰よりも妻のおかげです。彼女は若いころからの親友で、私が真人間になるのを手伝ってくれました。五人の子供にも恵まれ、素晴らしい家庭を築いてくれました。私が成功したとすれば、すべて彼女の功績です」

オスカー俳優のワーナー・バクスターも、ハリウッドでは珍しく幸せな結婚生活を送った。妻のウィニフレッド・ブライソンは結婚したとき、舞台女優としての華やかなキャリアを断念した。ワーナー・バクスターはこう語っている。

「妻は舞台で喝采を浴びる機会を失いましたが、私はいつも家庭で彼女に喝采を浴びせるように心がけてきました。結婚生活でお互いが幸せを得る条件は、夫が妻をたえず称賛して献身的姿勢を貫くことだと思います」

177

仕事より結婚のほうが成功の可能性は高い

結婚生活で幸せになれる可能性はどれくらいあるのだろうか。

ある社会学者によれば、男性が打ち込むどんなビジネスよりも、結婚生活のほうが成功の可能性は高いという。食料品店を開業する男性の七割は失敗するが、結婚生活を始める男女の七割は心がけしだいで成功する。

にもかかわらず、多くの男性は実りある結婚生活について真剣に考えたり努力したりしないのは非常に残念なことだ。

178

仕事にばかり労力を費やさない

ジャーナリストのドロシー・ディックス女史はこう言っている。

「世の男性は仕事での成功と同じだけの労力を家庭での成功に費やそうとしないが、女性にはそれが理解できない。

男性にとって、愛する妻と平和で幸せな家庭を築くことは、巨万の富を築くことより有意義なはずなのに、結婚生活を成功させるために真剣に努力する男性はめったにいない。

世の男性は人生で最も重要なことを成り行き任せにし、よい家庭を築くかどうかは運しだいだと考えている」

179

家庭では小言を言わない

大英帝国を代表する二人の首相、ディズレーリとグラッドストンは議会でさまざまなテーマについて激論を交わしたが、両者とも家庭では至高の幸せにひたっていた。

グラッドストンは政界では恐るべき論敵として名をはせたが、家庭では絶対に妻を批判しなかった。

家の中で小言を言わないように心がけていたのは、ロシアの女帝エカテリーナ二世も同じだった。彼女は数千万人の国民の生殺与奪の権を握っていた。政治的には冷酷な暴君で、無益な戦争を仕掛けては多くの敵を銃殺刑に処した。だが、家庭では料理人が肉を焦がしても何も言わず、たえず笑みを浮かべながら食事をした。世の亭主たちは彼女の家庭での態度を見習うべきだろう。

180

老いた母を思いやる

ブロードウェーの有名な演出家ジョージ・コーハンは、どんなに仕事が忙しくても、ある日課をけっして欠かさなかった。

一日に二回、必ず母親に電話をかけるようにしたのだ。この習慣は母親が死ぬ日まで続いた。

特に用事があったから電話をしたわけではない。たえず自分の声を母親に聞かせ、気にかけていることを伝えて喜ばせたかったのである。

181

子供を叱る前に

子供を叱りそうになったら、その前に次の文章を読んでみよう。ある父親が心を込めて書いた反省文である。

夜中に父さんは君の部屋にこっそり忍び込んだ。そして今、君の寝顔を見ながら、心から後悔している。

父さんはあまりにも怒りっぽかった。何かにつけて君をたしなめた。

例えば朝食のときも、父さんはがみがみ言った。食卓にひじをついて食べたとか、よく噛まずに食べたとか、パンにバターを塗りすぎたといったことだ。

父さんが出かけるとき、君は笑顔で手を振って「いってらっしゃい」と言ってくれた。それなのに父さんは「常に背筋をピンと伸ばしなさい」と叱った。

どうして父さんはいつもがみがみ言ってしまうのだろう。君は素晴らしい息子だ。父さんは君を愛している。明日からは小言を言わず、いい父親になることを約束しよう。

訳者あとがき

アメリカの自己啓発の大家として世界的に知られるデール・カーネギーの古典的名著『人を動かす』をすでにお読みになった方はたくさんいらっしゃると思います。

今回、日本で長く親しまれてきた一九八一年の改訂版の原書とはやや趣の異なる、一九三六年に刊行された初版本の原書のエッセンスをわかりやすくまとめたシンプルな本を「超訳」というかたちで出版することになりました。

この本は次の三種類の人を対象にしています。

・職場、学校、家庭、地域で円満な関係を築きたい人
・仕事で大きな成果をあげて昇給昇格を果たしたい人
・親しい人や素敵な恋人と楽しい時間を過ごしたい人

たった一冊の本でこんな効果があるとは夢のようですが、洋の東西を問わず、世界中の老若男女が口をそろえて「カーネギーの手法は公私にわたって効果てきめんだ」と言っています。「もっと早く学んでおけばよかった」と残念がる人も少なくありません。ぜひ読者の皆様もこの機会に効果を体験していただければと思います。

末筆ながら、この有意義な企画をご提案いただいたディスカヴァー・トゥエンティワンの藤田浩芳さんと文庫化に際して編集の労をとっていただいた小石亜季さんに心より感謝申し上げます。

訳者しるす

超訳　カーネギー　人を動かす
エッセンシャル版

発行日　2020年11月20日　第1刷
　　　　2024年6月17日　第12刷

Author　デール・カーネギー

Translator　弓場 隆

Illustrator　斉藤高志

Book Designer　加藤賢策　守谷めぐみ（LABORATORIES）

Publication　株式会社ディスカヴァー・トゥエンティワン
〒102-0093　東京都千代田区平河町2-16-1
平河町森タワー11F
TEL　03-3237-8321（代表）03-3237-8345（営業）
FAX　03-3237-8323
https://d21.co.jp

Publisher　谷口奈緒美

Editor　藤田浩芳　小石亜季

Proofreader　文字工房燦光

DTP　アーティザンカンパニー株式会社

Printing　日経印刷株式会社

ISBN978-4-7993-2696-1